思想政治教育话语研究

第1辑

邱仁富　主　编

上海大学出版社
·上海·

图书在版编目(CIP)数据

思想政治教育话语研究. 第1辑 / 邱仁富主编.
上海：上海大学出版社，2024.10. -- ISBN 978-7
-5671-5100-0
Ⅰ.G641
中国国家版本馆CIP数据核字第20244BM826号

责任编辑　王悦生
封面设计　柯国富
技术编辑　金　鑫　钱宇坤

思想政治教育话语研究
第1辑
邱仁富　主编
上海大学出版社出版发行
(上海市上大路99号　邮政编码200444)
(https://www.shupress.cn　发行热线 021-66135112)
出版人　余　洋

*

南京展望文化发展有限公司排版
上海华业装潢印刷厂有限公司印刷　各地新华书店经销
开本710mm×1000mm　1/16　印张12　字数196千
2024年10月第1版　2024年10月第1次印刷
ISBN 978-7-5671-5100-0/G·3644　定价78.00元

版权所有　侵权必究
如发现本书有印装质量问题请与印刷厂质量科联系
联系电话：021-56475919

前　言

党的十八大以来，习近平总书记就构建中国话语和中国叙事体系作出了一系列重要论断。2016年5月17日，习近平总书记在哲学社会科学工作座谈会上的重要讲话中指出：要"着力构建中国特色哲学社会科学，在指导思想、学科体系、学术体系、话语体系等方面充分体现中国特色、中国风格、中国气派"；"构建具有自身特质的学科体系、学术体系、话语体系，我国哲学社会科学才能形成自己的特色和优势。"这些年来，习近平总书记多次强调要加强学科体系、学术体系、话语体系建设。从马克思主义理论建设的角度看，加强话语体系建设极为重要，对讲好中国故事、解决"有理说不出、说了传不开"的问题，对马克思主义理论学科建设都具有重要的意义。

思想政治教育作为马克思主义理论的二级学科，经过40年的发展，思想政治教育的教学研究成果取得丰硕成果，为党和国家事业发展发挥了不可替代作用。如何把党的创新理论宣传好阐释好，如何将"培养什么人、怎样培养人、为谁培养人"的作用发挥好，如何把新时代以来的伟大奋斗及其所取得伟大成就的故事讲好，如何把思想政治教育40年的发展成果呈现好，如何不断提高思政课的针对性和亲和力，都需要在话语体系建设方面下功夫。

近年来思想政治教育话语体系的研究已呈现出良好势头、取得丰硕成果。为了进一步深化研究思想政治教育话语体系，我们结集编辑出版《思想政治教育话语研究》，努力为广大致力于从事话语研究的专家、学者、研究生提供学术交流平台。本辑分党的创新理论与话语体系、思想政治教育话语的理论基础、思政课话语体系建设和青年话语四栏，收录论文13篇。

编　者

目 录

党的创新理论与话语体系

我国主流意识形态话语创新学理探析 …………… 徐国民　宋欣玥　003

中国共产党自我革命话语的历史演进、发展动力及传播效果

………………………………………………… 高　鑫　岑茵茵　017

新时代中国共产党创新执政话语的外生性机制 ……… 陈殿林　张诗雨　031

新时代中国共产党青年话语的内涵意蕴、实践样态与发展路径

………………………………………………… 简臻锐　李如希　045

思想政治教育话语的基础理论

文明交流互鉴视域下马克思主义语言交往思想的时代价值

………………………………………………… 马　忠　吴　静　063

话语分析视域下的思想政治教育主体互视建构 ……… 李梅敬　刘　灿　077

思想政治教育隐喻话语建构：价值意蕴、现实困境与实践进路

……………………………………………………………… 聂艳秀　091

思想政治教育话语现代化的内涵、价值和路径 ………………… 张馨元　103

新时代思想政治教育话语互构探微 ……………………………… 王升臻　115

思政课话语体系建设

新时代高校思政课话语体系转换的内涵及实践理路

………………………………………………… 张国启　朱振宇　135

青 年 话 语

知识、思想与价值：高校思政课教学话语内容的有效供给
································· 胡德平　闫　申　151
"00后"大学生言语共同体建构研究················ 孙晓琳　166
当代中国青年的话语表达、存在问题及引领对策
································· 张书悦　马佳文　蔡　爽　177

党的创新理论与话语体系

我国主流意识形态话语创新学理探析*

徐国民　宋欣玥

摘　要："两个结合"，既是我国主流意识形态话语创新的理论基础，也是我们党在新征程上继续推进中华民族伟大复兴的实践路径。新征程上，坚持马克思主义基本原理同中国具体实际相结合、同中华优秀传统文化相结合，标志着我国主流意识形态话语创新进入了一个崭新的历史阶段。"两个结合"具有极强的内在一致性、辩证统一性、历史必然性，是矛盾的普遍性和特殊性、理论创新和实践创造、意识形态和现实生活的协调互促过程。新征程上，我国主流意识形态话语创新必须在实践、理论、表达层面进行有机融合，构建具有中国特色、中国风格、中国气派的主流意识形态话语。

关键词：主流意识形态；"两个结合"；创新

习近平总书记在庆祝中国共产党成立100周年大会上的重要讲话中，首次明确提出了"把马克思主义基本原理同中国具体实际相结合、同中华优秀传统文化相结合"[①]的重大时代课题。可以说，"两个结合"命题的提出，既高度概括了中国共产党百年意识形态话语创新的历史经验，又为新时代我国主流意识形态话语创新提供学理基础和基本遵循。长期以来，学界对我国主流意识形态话语创新命题进行了深入研究和讨论，提出了"坚持马克思主义在意识形

作者简介：徐国民，华东理工大学马克思主义学院副院长、教授、博士生导师；宋欣玥，华东理工大学马克思主义学院硕士研究生。

* 本文系宁波城市文明研究院重点课题"习近平总书记关于建设中华民族现代文明重要论述及其原创性贡献研究"（CSWM202301）的阶段性成果。

① 习近平：《在庆祝中国共产党成立100周年大会上的讲话》（2021年7月1日），《人民日报》2021年7月2日。

态领域的指导地位不动摇""理论与实践相结合""坚守优秀文化内核""站稳人民立场,强化对人民利益的现实关照"等观点。然而,就目前看来,学界对我国主流意识形态话语创新与"两个结合"的关系,尤其是以"两个结合"在实践、理论、表达层面推进我国主流意识形态话语创新,还不够完善。鉴于此,本文围绕我国主流意识形态话语创新的历史考察、学理基础、基本遵循等问题展开讨论,以期进一步推动学界对我国主流意识形态话语创新的探讨和认识。

一、我国主流意识形态话语创新的历史考察

中国共产党领导中国人民的百年奋进史,就是一部意识形态建设与斗争史。纵观百年党史,对于主流意识形态的话语创新,贯穿其中的一条历史经验,就是将马克思主义基本原理同中国具体实际相结合、同中华优秀传统文化相结合,探索出一条适合中国国情的主流意识形态话语创新道路。正是在"两个结合"的指引下,党和国家不断进行理论创新和实践创造,用科学的意识形态武器武装全党、教育人民,为中华民族伟大复兴提供了科学理论指导。

新民主主义革命时期,党和国家在这一时期的主要任务,就是运用马克思主义"普遍"原理同中国革命"特殊"实践相结合进行意识形态创新,进而以之来指导中国革命。1917年,俄国十月革命的一声炮响,给中国送来了马克思列宁主义的先进思想,为中国的革命进程注入了新的活力与方向。毛泽东指出:"我们的党从它一开始,就是一个以马克思列宁主义的理论为基础的党。"①中国共产党一成立,就把马克思主义作为自己的意识形态基础和行动指南,不仅创办了《新青年》《劳动周刊》《湘江评论》等刊物,建立专门机构出版了马克思、恩格斯、列宁等著作来宣传马克思主义。以毛泽东为代表的一批革命先驱者,将马克思主义与中国具体革命形势相结合,深入工人、农民、青年学生进行宣传,唤醒了百姓的民族意识、危机意识、反抗意识。然而,由于马克思主义作为外来文化的异质性,以及中国共产党在建党初期还不够成熟,对什么是马克思主义、如何对待发展马克思主义,尚缺乏全面而深刻的认识,导致了一些人在实践中陷入了主观主义和教条主义的误区,未能灵活地将马克思主义理论与中国实际相结合。这种偏差直接影响了中国革命的策略与方向,使得革命进

---

① 《毛泽东选集》第3卷,北京:人民出版社1991年版,第1093页。

程遭遇了重大的挫折与困难。大革命失败以后,中国共产党经过秋收起义、遵义会议、红军长征的历史实践,深刻认识到推进马克思主义中国化的重要性,致力于探索中国革命的新道路。毛泽东1938年在党的六届六中全会上作的《论新阶段》政治报告中,首次提出了"马克思主义中国化"的命题,他指出:"使马克思主义在中国具体化,使之在其每一表现中带着必须有的中国的特性,即是说,按照中国的特点去应用它,成为全党亟待了解并亟须解决的问题。"①这一时期,尽管"两个结合"的命题还没有正式提出,但是毛泽东以敏锐的洞察力和深远的预见性提出了"两个结合"的思想雏形,用具有民族特色和现实特点的意识形态话语阐释描述马克思主义,充分激励了中国人民浴血奋战、百折不挠,对外进行推翻帝国主义压迫的民族革命,对内进行推翻封建地主阶级和官僚资产阶级压迫的民主革命。延安整风运动后,全党确立了实事求是的思想路线,批判了主观主义、宗派主义、党八股,使党在意识形态层面达到了空前团结。中国共产党深刻认识到,要使人民群众真正理解马克思主义的深邃理论,就要"代之以新鲜活泼的、为中国老百姓所喜闻乐见的中国作风和中国气派"②。具体来说,就是坚持把马克思主义基本原理与中华民族的历史故事、诗词俗语等联系起来进行精炼易懂的阐述,使广大人民群众对马克思主义的理解入脑、入心、入行。例如,在《矛盾论》中,毛泽东详细讲述了《水浒传》中"宋江三打祝家庄"的故事,宋江调查实际情况,熟悉了盘陀路,拆散了李家庄、扈家庄和祝家庄的联盟,才最终打了胜仗,认为"《水浒传》上有很多唯物辩证法的事例,这个三打祝家庄,算是最好的一个"③;面对国民革命暂时陷入低潮,党的工作重点由城市转入农村,"右"倾机会主义者怀疑革命根据地发展的前途,提出了"红旗到底能打多久"的疑问,毛泽东借用俗语"星星之火,可以燎原"阐述中国革命道路必定成功,等等。

社会主义革命和建设时期,面对错综复杂的国际环境,满目疮痍的国民经济,党和国家面临的主要任务是迅速恢复国民经济,巩固新生的人民政权,完成从新民主主义向社会主义的历史跨越,为中华民族迈向伟大复兴之路构筑了坚实的政治基石与制度保障。中华人民共和国成立初期,为把落

---

① 《毛泽东选集》第2卷,北京:人民出版社1991年版,第534页。
② 《毛泽东选集》第2卷,北京:人民出版社1991年版,第534页。
③ 《毛泽东选集》第1卷,北京:人民出版社1991年版,第313页。

后的农业国变为先进的工业国,发展工业化是我们党必须解决的重大课题。"三大改造"结束后,毛泽东吸取教训、总结经验,紧紧围绕马克思主义中国化,进一步提出了"第二次结合",强调要开辟出一条专属于我国的社会主义现代化建设道路,不仅运用诗词、典故、俗语巧妙地阐释马克思主义以教育人民,而且坚持以中华民族精神与马克思主义基本原理相结合来武装全党。例如,在抗美援朝、"三反五反""三大改造"运动期间,中国共产党坚持开展广泛而彻底的思想改造运动,纯洁革命队伍,教育人民群众。特别是在波澜壮阔的抗美援朝战争中,中国人民志愿军始终坚持祖国和人民的利益高于一切,英勇顽强、舍生忘死,投身于人类的和平与正义事业。中国共产党通过讴歌志愿军不畏牺牲、保家卫国的抗美援朝精神,卓有成效地开展了一系列关于爱国主义和国际主义的意识形态宣传教育。在这一时期,中国共产党坚持独立自主地探索适合我国国情的社会主义建设道路,带领中国人民完成了社会主义制度的基本架构。同时,对马克思主义同中国具体实际相结合、同中华优秀传统文化相结合有了更深刻的认识,进一步丰富和发展了毛泽东思想,实现了马克思主义中国化的"第一次历史性飞跃"。但是,由于中国进行社会主义现代化建设是人类历史上的全新事业,面对冷战的外部空间和思想封闭落后的内部空间,中华人民共和国成立后的社会主义现代化建设也不可避免地会产生各种曲折复杂的过程。1966年"文化大革命"爆发,我国没有根据国内形势变化及时转变意识形态发展方式,导致在推进马克思主义中国化时代化的道路上遭遇了重大挫折。在这一时期,我国对马克思主义的理解与应用出现了偏差,既存在对其原理的僵化理解,也忽略了结合中国实际的灵活性,偏离了实事求是的基本原则。

改革开放和社会主义现代化建设新时期,和平与发展成为世界的主题,党和国家的主要任务是继续探索中国式现代化的正确道路,解放发展社会生产力,构建具有中国特色的社会主义意识形态话语体系,为实现中华民族伟大复兴提供充满活力的体制保证和快速发展的物质条件。党的十一届三中全会以后,党中央及时纠正了"文化大革命"中"以阶级斗争为纲"的错误意识形态方针,果断将党和国家的工作重心转移到经济建设上来。同时,重申并确立了实事求是的思想路线,这一历史性转折为中国特色社会主义道路的开创奠定了坚实基础。一是邓小平提出"马克思主义必须是同中国实际相结合的马克思主义,社会主义必须是切合中国实际的有中国特色的社会主义"①,这意味着中国共产党清醒认识到主流意识形态话语创新必须走独立自主的发展道路,抛弃以往对马克思主义的主观化、教条化理解,不把西方、苏联模式当圣经,独立自主、实事求是地建设中国特色社会主义的伟大事业。二是党的十六大提出全面建设小康社会,这是对邓小平"三步走"战略的重大丰富和发展。全面建设小康社会不仅是一个经济概念,也是一个社会和政治概念。小康原本是中国古代思想家描绘的一种崇高的社会理想,以小康描述中华民族对从站起来到富起来的殷切期盼,是中国共产党运用马克思主义基本原理与中华优秀传统文化相结合指导新时期实践的鲜明体现。三是江泽民提出了"三个代表"重要思想,强调中国共产党始终代表先进文化的前进方向,要立足中国现实基础传承中华优秀传统文化,提高全民族的思想道德素质和科学文化水平,坚决捍卫中国特色社会主义道路。四是胡锦涛基于中国特色社会主义事业的全面规划以及全面建设小康社会的整体考量,提出了构建社会主义和谐社会。和平、和睦、和谐是中华民族一直以来追求和传承的理念,"和而不同"集中彰显了中华优秀传统文化蕴含的价值观,唯物辩证法强调矛盾双方是既对立又统一的,应当承认、尊重和包容差异,在多样性的对立中把握统一、在彼此依存中求同存异,从而达到社会和谐,这与"和谐社会"的提出具有高度契合性。综上,邓小平理论、"三个代表"重要思想、科学发展观,不断探索着"两个结合"的发展路径,形成了改革开放以来不断发展着的中国特色社会主义理论体系,推进我国主流意识形态话语创新的纵深发展。

中国特色社会主义进入新时代,处于中华民族伟大复兴的战略全局与世界百年未有之大变局交织的关键时期,人们的思想言论、价值取向、文化观念日益多元。全媒体时代下,主流意识形态与多样化的社会思潮并存,我国面临的意识形态风险与挑战也随之升级。在新征程上,坚持和巩固马克思主义在意识形态领域的指导地位、维护我国主流意识形态安全,必须坚持"两个结合",坚持以解决新时代所面临的实际问题为导向,推动理论与实践的深度融合与相互促进。在庆祝中国共产党成立100周年大会上的讲话中,习近平总书记首次明确提出"坚持把马克思主义基本原理同中国具体实际相结合、同中

---

① 《邓小平文选》第3卷,北京:人民出版社1993年版,第63页。

华优秀传统文化相结合"①的重大论断,科学回答了新时代怎样坚持马克思主义、如何发展马克思主义这一重大时代课题,为推进我国主流意识形态话语创新提供了根本遵循,实现了马克思主义中国化时代化的新飞跃。从"一个结合"到"两个结合"的转变,在理论层面,意味着中国共产党对马克思主义中国化有了更加深刻的理解,把中华优秀传统文化的传承和创新提到了更高层面。马克思主义理论不是教条,而是行动指南,继续推进"两个结合",必须坚持历史自信、道路自信、文化自信、理论自信,把马克思主义基本原理同中华优秀传统文化的民族根脉贯通起来,同人民群众日用而不觉的价值观念融通起来,不断回答中国之问、世界之问、人民之问、时代之问。21世纪的马克思主义将在持续发展中展现出愈发强大且无可辩驳的真理力量,为中华民族伟大复兴提供坚实的思想基础。

"两个结合"既是中国共产党在百年奋斗历程中探索马克思主义中国化时代化的经验成果,也是新征程上我国主流意识形态话语创新的现实需要。从我国主流意识形态话语创新来看,中国共产党始终秉持马克思主义的立场、观点和方法,深入剖析并妥善解决中国革命、建设与改革进程中遇到的具体问题,在实践中不断积累经验,通过归纳概括与总结升华,不断增强理论的亲和力、感染力、凝聚力;从我国主流意识形态话语传播途径来看,中国共产党运用民族语言、民族形式阐释马克思主义基本原理,宣传主流意识形态话语,把党的正确主张变为人民群众的自觉行动,面向国际,以中华民族的伟大成就为现实依据,融通世界语言与中国符号,向世界传播蕴含中国色彩的科学社会主义理论,坚持走中国特色社会主义道路成为振兴世界社会主义的中流砥柱。

二、我国主流意识形态话语创新的学理基础

进一步澄清我国主流意识形态话语创新的学理基础,推动我国主流意识形态话语创新,是坚持和巩固马克思主义在意识形态领域的指导地位的现实需要。为此,我们必须认清"两个结合"的内在一致性,即马克思主义基本原理与中国具体实际相结合,这种实际内在地包含了中华优秀传统文化,而"两个

---

① 习近平:《在庆祝中国共产党成立100周年大会上的讲话》,《人民日报》2021年7月2日。

结合"的提出又进一步凸显了马克思主义与中华优秀传统文化相结合丰富内涵及其重大意义。"两个结合"的内在统一性,实际表现为矛盾普遍性和特殊性的辩证统一,马克思主义基本原理是一种普遍性所在,中国的实际情况与中华优秀传统文化都作为一种历史发展的特殊性而存续。

(一)我国主流意识形态话语创新要坚持普遍性和特殊性的辩证统一

正确把握和处理好普遍性和特殊性之间的辩证关系是我国主流意识形态创新的一个核心问题。马克思主义认为,普遍性与特殊性相互依存,普遍性寓于特殊性之中,特殊性包含着普遍性。我国主流意识形态话语坚持普遍性与特殊性辩证统一,强调世界既有多样性又具有统一性,遵循历史整体运行普遍性与各民族自身发展特殊性相统一的规律。可以说,中国共产党领导中国人民坚持普遍性与特殊性的辩证统一,为全面建成社会主义现代化强国指明了一条康庄大道。

第一,从矛盾的普遍性与特殊性之间的关系来看,一方面,矛盾的普遍性寓于特殊性之中。中华优秀传统文化中所包含的天下大同、民为邦本、革故鼎新等同科学社会主义价值观主张在多个层面展现出高度契合性。同时,在建设社会主义现代化强国的具体实践中,又产生了一系列富有时代内涵与时代特征的思想理论、价值观念、制度体系,激活了辩证唯物主义和历史唯物主义在新时代继续向前发展的生命力。可以说,中国具体实际与中华优秀传统文化为"两个结合"提供了深厚的文化土壤。另一方面,特殊性不能脱离普遍性而独立存在。马克思主义诞生于资本主义社会,揭露了资本家剥削工人、占有工人剩余劳动的秘密,揭示了无产阶级与资产阶级利益的根本对立,反映了自然界、人类社会以及思维的一般规律,指明了人类社会发展的方向。从人类历史发展的大视野来看,我们依然处在马克思主义所指明的历史时代,党和人民的价值追求和实际需要符合马克思主义所指出的历史大势;从赓续中华文脉的民族传承发展来看,拓展党和人民对中华优秀文化的传承方式、推动中华优秀传统文化中符合历史发展规律的部分实现创造性转化和创新性发展必须坚持"两个结合"。

第二,矛盾的普遍性和特殊性能够在一定条件下转化。继续谱写马克思主义中国化时代化,要坚持矛盾的普遍性与特殊性在"两个结合"中的融通契合,需要把握好两者之间的平衡点。在推进马克思主义中国化时代化过程中,

"两个结合"既指导了中国的革命、建设、改革等物质层面的建设,又引领了人民在思想、价值、理念等精神层面的建设。尽管这两个方面在具体推进过程中各自侧重点不同,但实现中华民族伟大复兴目标是完全一致的,两者必须相互交融、相互贯通。因此,我国主流意识形态话语创新,必须坚持马克思主义的立场、观点和方法,坚持古为今用、推陈出新,有鉴别地加以对待,有扬弃地予以继承,更好地把民族情感、价值内涵运用于主流意识形态话语创新之中,促使中国共产党以纯洁的干部队伍、坚定的政治信念,继续推进我国主流意识形态话语实践创新发展。

(二)我国主流意识形态话语创新要坚持理论与实践的辩证统一

马克思主义理论与中国实践是相互依存、互为补充的。实践无止境,理论创新也就无止境。我国独特的国情、独特的历史和独特的文化,决定了实现中华民族伟大复兴和实现社会主义现代化强国,必将需要一代又一代中华儿女的共同奋斗。我国主流意识形态创新不能直接照搬他国经验,必须始终坚持"两个结合",坚持理论与实践、历史与现实、传统与现代的统一。

第一,思维的真理性只能在实践中证明。"人的思维的真理性"不是上帝的安排或者绝对精神的显现,而是主观与客观、思维和存在是否具有同一性的问题,其中,联系主观和客观、思维和存在的唯一基础就是实践。"两个结合"既不是对马克思主义的生搬硬套,也不是苏联社会主义建设经验的简单复制,更不是西方现代化之路的重走,而是坚持马克思主义的科学真理,继承创新中华优秀传统文化,汲取中国共产党的百年奋斗经验,由中华民族伟大复兴的客观实践过程所检验的科学真理。如果我国主流意识形态话语体系脱离中国特色社会主义实践,脱离中华民族的文化基因,学古忘今、学西忘中,就会导致马克思主义在中国走向抽象、空洞、虚幻,错误的意识形态导向将会直接影响整个经济社会的发展。在新征程上,党和国家坚持"两个结合",彰显了我国主流意识形态话语创新坚持在实践中证明"思维的力量",并通过实践的检验上升为全体人民的意志,致力于解决人民最关心、最直接、最现实的问题。

第二,运用科学真理可以认识和改造世界。真理可以采取不同的语言形式、表达形式来表达,为了增强我国主流意识形态的人民认同感和接受度,关键在于将中华优秀传统文化有机地融入主流意识形态的话语体系之中,并致力于推动这些文化元素的创造性转化与创新性发展。"两个结合",一方面坚守了中华民族的精神命脉,巩固了全党全国各族人民的共同思想基础,提升了人民的文化自信、道路自信、理论自信、制度自信;另一方面,在源远流长、未曾中断的中华民族文化中寻找可以借鉴的思想文化因素,以开放包容的胸怀面向世界,汲取人类文明的宝贵思想财富,与其他主动融入文明交流互鉴大势的各民族文化共同绽放光彩。真理与客观事物之间的同一必然随着人类实践的发展不断深化,我国的主流意识形态话语创新不断识变、应变、求变,成为建设社会主义现代化强国的重要精神力量。

第三,理论与实践是具体的、历史的统一。在我国主流意识形态话语创新的历史发展中,毛泽东提出了马克思主义基本原理同中国具体实际相结合,指导中华民族实现了从站起来到富起来,在实践中达到了预期结果。在世界意识形态斗争更加复杂的时代背景下,我国主流意识形态话语创新必须与时俱进。从"一个结合"到"两个结合",中国共产党把继承创新中华优秀传统文化提到了更高的层面上来遵循,深刻体现了中国共产党在推进马克思主义中国化时代化历程中的深刻变革,即从直观的感性理解逐步深化为系统的理性认识,进而将这些理性认知转化为具体的实践行动。这一过程并非单向线性,而是实践与认识之间不断循环、相互促进的辩证过程。中国共产党在不断实践中深化对马克思主义的理解,同时又将新的认识反馈到实践中去检验和完善,如此循环往复,推动理论与实践的双重飞跃,实现了一个永无止境的发展与提升过程。

一方面,中国作为世界上最大的发展中国家,今天的世情、国情、党情等复杂多变;另一方面,我国主流意识形态话语的创新,不仅受着科学技术条件的限制,而且受着客观过程的发展及其表现程度的限制。例如,列宁指出帝国主义是寄生的、腐朽的、垂死的资本主义,但是并不等于帝国主义很快就会灭亡,当代资本主义发生了新变化,其生产力仍然有发展空间,只有通过生产力的发展和人民群众的斗争才能促使这种发展趋势变为现实。因此,创新我国主流意识形态话语必须经过多次实践,才能实现主观与客观、理论与实践的具体的历史的统一。

(三)我国主流意识形态话语创新要坚持继承与创新的有机统一

在新征程上,以"两个结合"推进我国主流意识形态话语创新,具有历史必然性。马克思在《德意志意识形态》中指出:"不是意识决定生活,而是生活决定意识。"①马克思批判了那种脱离感性生活的、抽象的、虚无的"意识",认为理论来源于人民群众的生产实践。"两个结合"继承创新了马克思主义的科学真理,始终坚持从实际出发把握历史的本质,符合历史发展规律和现实生活需要,引领社会主义现代化强国的建设。

一方面,任何一种意识形态都来源于感性生活,产生于从事实际活动的"现实的个人",脱离感性生活的那种抽象的、虚无的"意识"只能产生唯心主义的谬论。马克思在《德意志意识形态》中指出:"意识在任何时候都只能是被意识到了的存在,而人们的存在就是他们的现实生活过程。"②在这里,马克思认为存在是人们的"现实生活过程",而意识则是对人们的"现实生活过程"的观念表现。创新我国主流意识形态话语,不是从人们所设想的、观念的东西出发,而是从"从事现实活动的人"出发,在中华民族的革命、建设、改革中,如果仅仅反对阻碍社会进步的某些"词句",就不能使"现存世界革命化",就不能够真正建设社会主义现代化强国。"两个结合"就是以"现实的个人",即以群体性存在为前提,以从事物质生活资料生产和社会交往形式为历史基础,揭示中华民族伟大复兴这一过程在意识形态上的反射和回声。因此,我们要继续以解决中国的实际问题为核心,在坚持和发展中国特色社会主义伟大事业中不断检验"两个结合"的意识形态话语的真理性。

另一方面,意识形态只有真正把握时代脉搏,在现实生活中认识到事物发展的本质,才能指导并引领经济基础的高质量发展。马克思认为"真正的知识"不是抽象的经验论者所认为的那种"僵死事实的搜集",也不是唯心主义者所认为的那种"想象的主体的想象的活动",而是对"能动的生活过程"的描述③。在新征程上,要使我国主流意识形态话语把握这种"能动的生活过程"。马克思在《〈黑格尔法哲学批判〉导言》中强调:"理论一经掌握群众,也会变成物质力量。理论只要说服人,就能掌握群众;而理论只要彻底,就能说服人。"④"两个结合"是以中华民族传承的文化基因、红色血脉为情感共鸣打动人民。经济基础决定上层建筑,上层建筑对经济基础具有能动反作用。中国共产党始终将人民群众置于至高无上的地位,视人民对幸福生活的殷切期盼

---

① 《马克思恩格斯文集》第1卷,北京:人民出版社2009年版,第525页。
② 《马克思恩格斯文集》第1卷,北京:人民出版社2009年版,第525页。
③ 《马克思恩格斯文集》第1卷,北京:人民出版社2009年版,第525、526页。
④ 《马克思恩格斯文集》第1卷,北京:人民出版社2009年版,第11页。

为其不懈奋斗的根本目标,反映了全党全国各族人民的共同意志,为中国人民谋幸福、为中华民族谋复兴。因此,广大人民群众掌握了这种饱含现实需要和民族根脉的意识形态话语,就一定能够转化为改革发展的实践力量,进一步推动现实社会的经济发展,引导人民群众万众一心、众志成城地建设社会主义现代化强国。

综上,坚持"两个结合"是新时代我国主流意识形态话语创新的题中应有之义。马克思主义之所以能够成为立党立国、兴党兴国的指导思想,在于其揭示了资本主义特殊规律和人类社会发展普遍规律,以实现无产阶级和全人类的解放为己任,这是与中华民族的根本利益、中国社会的现实需要相统一的。在我国全面建成了小康社会和实现了第一个百年奋斗目标,朝着第二个百年奋斗目标奋勇前进的新征程上,如何推进主流意识形态话语创新,关键是坚持"两个结合",不断开辟马克思主义中国化时代化的新境界。

三、我国主流意识形态话语创新的基本遵循

意识形态是党的一项极端重要的工作,做好意识形态工作和话语创新,事关党和国家的前途和命运。在新时代,国内国际情况复杂多变,推进"两个结合",必须在实践层面、理论层面、表达层面,探索我国主流意识形态话语创新的基本遵循。新征程上,创新我国主流意识形态话语,必须坚持马克思主义世界观和方法论,充分发挥意识形态引领政治方向、防控舆情风险、赋能实践发展的作用,防止各种错误的社会思潮和主义的侵袭,以人民群众喜闻乐见的民族语言不断提升我国主流意识形态话语的说服力、凝聚力、引领力。

新征程上,推动我国主流意识形态话语创新,需要坚持马克思主义的世界观和方法论,做到"六个必须坚持"。这不仅是对辩证唯物主义在改革发展中的科学指导地位的坚持,也是通过历史唯物主义视角提升国家治理体系和治理能力现代化水平的实践探索。面对新征程上经济社会生活中出现的各种新矛盾、新挑战、新任务,"六个必须坚持"既体现了中国共产党在实践中进一步深化对共产党建设规律、社会主义建设规律、人类社会发展规律的正确认识,又彰显了马克思主义基本原理同中华优秀传统文化所蕴含的文化基因、红色血脉的高度契合。

第一,必须坚持人民至上。马克思主义告诉我们,人民群众之所以接受、

认同、践行某种意识形态,只能是因为这种意识形态符合人民群众的实际需要,而理论一经掌握群众,就会变成强大的物质力量,因此,坚持人民至上的观点在"两个结合"居于核心地位。我们知道,不同历史时期具有不同的国情、世情和党情,在现实社会中的人由于物质基础和价值观念的复杂性,利益诉求各不相同,中国共产党在百年意识形态话语建设中,始终坚持党的指导思想的一元性和人民群众文化需求的多样性,体现了"人民至上"的价值观念。"人民至上"有着悠久的中华优秀传统文化历史底蕴,"民惟邦本、本固邦宁"承载着中华民族的共同思想基础,新的实践基础赋予了民本思想新的价值内涵,我国主流意识形态话语创新必须坚持人民群众的首创精神,汲取人民群众的丰富智慧。要使我国主流意识形态站稳群众立场,践行为人民服务的宗旨,就要用人民群众喜闻乐见的民族语言代替晦涩难懂的学术语言,促使我国主流意识形态话语为广大人民群众所掌握,并使之运用于实践,展现出更强大的物质和精神力量。

第二,必须坚持自信自立。"自信"这一理念,其深厚底蕴蕴含于"道路自信""理论自信""制度自信"及"文化自信"四个维度之中。尤为显著的是,"文化自信"作为这一体系中的基石,展现出更为根本、普遍且深远的特性。中华民族经历过辉煌灿烂的历史,也遭遇过屈辱没落的岁月,既不能妄自尊大,也不能妄自菲薄,而要以理性客观、不卑不亢的态度自立于世界文化舞台。坚持"文化自信"需要不断增强综合国力和富裕人民生活,不断从源远流长、博大精深的中华优秀传统文化中吸收智慧、汲取养分,推动国家治理体系和治理能力现代化。而"自立"的前提和核心要义是坚持"独立自主"。可以说,坚持"自立"的意识形态话语创新原则,体现了党和国家以发展的眼光系统梳理、深入挖掘中华文化自身的思想精髓和价值精华;彰显了中国共产党始终坚持依靠自己的力量解决实际问题,完成伟大目标;反映了在人类文明新形态不断发展的进程中,我国有原则、有底线、有选择地借鉴世界各国的文明成果。

第三,必须坚持守正创新。一方面,守正是创新的前提,创新我国主流意识形态话语,就要坚持党管宣传、党管意识形态的重要原则,坚守中华民族的文化基因传承,以马克思主义的世界观和方法论指导理论与实践创新。同时,在党的百年探索中,取得了一系列理论创新成果,我们必须重视这些理论与实践成果,以更好推动我国主流意识形态话语创新。另一方面,创新是守正的保障,尽管我们已经取得了丰富的意识形态话语创新成果,取得了令世界瞩目的伟大成就,但我们不能因此沾沾自喜、故步自封。创新是推动民族持续前行、国家繁荣昌盛的核心引擎,它不仅是发展的灵魂所在,更是一个政党永葆生机的源泉,马克思主义不是教条,而是指引我们行动的理论指南,面对国内外激烈的意识形态斗争,必须始终坚持守正创新,为建设社会主义现代化强国夯实理论基础。

第四,必须坚持问题导向。强化问题意识,以问题为引领,致力于解答并引导解决实际问题,这是理论工作的核心使命,也是我党在推进马克思主义与中国实际相结合过程中积累的宝贵经验。马克思指出:"问题就是时代的口号,是它表现自己精神状态的最实际的呼声。"[1]建党百年来,党和国家之所以能够经受住政治、经济、意识形态等方面的挑战,关键就在于党中央以巨大的政治智慧和强烈的责任担当,直面我国在革命、发展、改革中的突出矛盾和问题,以解决人民的急难愁盼问题作为打开工作局面的突破口。因此,创新我国主流意识形态话语必须观察实际、研判问题、引领时代,以问题导向持续探索并开辟马克思主义中国化、时代化的新路径,以不断适应和解决时代赋予的新挑战与新任务。

第五,必须坚持系统观念。中国共产党认识问题、分析问题、解决问题的方法论基础就是坚持系统思维,认识到世间万物间相互交织、彼此依存的本质。唯有采取普遍关联、整体考量及动态演进的视角审视万物,方能精准捕捉并顺应事物发展的内在规律。中国仍然处于并将长期处于社会主义初级阶段,各方面各环节各领域都在经历广泛而深刻的变革,牵一发而动全身。坚持系统观念,就是坚持用全面的、辩证的、长远的目光去认识问题;贯通历史、现实、未来去分析问题;统筹当下与未来的战略目标去解决问题。新时代,习近平总书记强调要心怀"国之大者",必须站在全局和战略的高度推进我国主流意识形态话语创新,不能为了局部利益损害全局利益、为了暂时利益损害根本利益和长远利益。

第六,必须坚持胸怀天下。中国共产党坚持胸怀天下,彰显了中国共产党开放、包容、共享的世界眼光,海纳百川的豁达胸怀。当前,人类面临着经济、政治、生态等多重挑战,无论是发达国家还是发展中国家,抑或是落后国家,都要共担责任。推进我国主流意识形态话语创新,始终坚持以自信昂扬的姿态

---

[1] 《马克思恩格斯全集》第40卷,北京:人民出版社1982年版,第289—290页。

进入世界民族之林,以广阔的视野和深厚的文化底蕴为人类文明提供坚实的思想理论基础,与其他主动融入文明共存、交流互鉴大势的各民族文化共同绽放光彩。在新时代,以习近平同志为核心的党中央坚持了胸怀天下的主流意识形态,提出了构建"人类命运共同体""全人类共同价值",建设"新丝绸之路经济带"和"21世纪海上丝绸之路",为世界发展和人类进步事业作出了重要贡献。

新征程上,面对中华民族伟大复兴战略全局和世界百年未有之大变局,社会思潮纷涌激荡,价值取向日益多元,我国主流意识形态话语创新的形势紧迫、任务艰巨、意义重大。为此,我们始终在坚持"两个结合"的过程中,运用人民群众乐于接受的话语体系,构建具有中国特色、中国风格、中国气派的意识形态话语体系,使之转化为改造世界的强大物质力量。新征程上,"六个必须坚持"是一个统一的、不可分割的整体,它体现了价值观、世界观与方法论的有机统一,是推动我国主流意识形态话语创新的基本路径和基本遵循。

【执行编辑:邱仁富】

中国共产党自我革命话语的历史演进、发展动力及传播效果

高 鑫　岑茵茵

摘　要：自我革命是中国共产党在百年奋斗历程中逐步形成并在新时代深入推进党的建设新的伟大工程中提炼出来的标志性概念和重大理论创新。新民主主义革命时期中国共产党在思想和组织上的自我完善、社会主义革命和建设时期中国共产党在作风和纪律方面的自我纠正、改革开放和现代化建设时期中国共产党在拨乱反正中实现自我完善与提高，这一切无不体现出党坚持自我净化、自我完善、自我革新、自我提高的精神品质。中国特色社会主义进入新时代以政治建设为统领，以制度法规建设为重点全面推进自我革命，使中国共产党自我革命话语体系的"在场"样态凸显。梳理中国共产党自我革命话语的历史演进、发展动力及传播效果，对丰富中国共产党党建话语体系内涵，不断发挥自我革命话语的引领、监督、凝聚等作用具有重要价值。

关键词：中国共产党；自我革命；话语体系；话语建构

话语是思想理论的外化，中国共产党自我革命话语是对其自身建设思想和理念的集中反映。作为无产阶级革命政党，自马克思主义在中国广泛传播以来，自我革命精神早已流淌在中国共产党的血脉里、熔铸在政党基因中。纵观党的百年实践历程，经历了政治革命和社会革命两个纵向却不割裂的阶段，自我革命始终贯穿于党的建设伟大工程之中。自我革命话语在党的建设中不

作者简介：高鑫，华中师范大学马克思主义学院教授、博士研究生导师；岑茵茵，华中师范大学马克思主义学院硕士研究生。

＊　本文系国家社科基金一般项目"中国共产党党建话语体系构建的百年历程及经验研究"（22BDJ091）的阶段性研究成果。

断复现和凸显,本质上是对党保持先进性和纯洁性的追求。

一、中国共产党自我革命话语的历史演进

一种新的话语出场是在实践的基础上对原有话语的继承和超越。回望百年,中国共产党在不同历史时期始终以解决自身问题为引领、以把握历史主动为导向,不断修正错误,一脉相承又与时俱进地在积极改造客观世界和自觉改造主观世界的相得益彰中淬炼着自我革命的底色。在不同阶段的净化、完善和革新中形成了相应的话语表达。对中国共产党自我革命话语的建构历程进行梳理,有利于更好把握其内在的演进逻辑。

(一)新民主主义革命时期在思想和方法上形成自我完善的意识

新民主主义革命时期,中国社会内外交困的复杂局面以及不同政党、团体革命尝试的失败决定了中国迫切需要"新思想""新组织"引领救亡运动。随着马克思主义科学理论在我国广泛传播,拿起思想武器的早期共产主义分子登上历史舞台。他们是目睹了旧军阀贪污腐败和内部溃烂的新生群体,摆在面前的首要问题是"建设一个什么样的党,怎样建设党"。因此这一阶段的"自我革命"话语主要围绕"思想建党"廓清认识误区,不断推进马克思主义理论学习、教育,强调无产阶级政党的先进性和历史使命,以唤起更多知识分子、工人和农民加入党的组织中来。1929年12月,毛泽东在古田会议上指出"单纯军事观点""极端民主化"等党内错误思想的危害,提出思想建党、政治建军的方针,要求党员必须与各种非无产阶级思想进行坚决斗争,不仅为红四军建设指明了方向,而且为党的思想政治工作和全军建设确立了一条马克思主义路线。1939年10月,毛泽东在《〈共产党人〉发刊词》中指出:"建设一个全国范围的、广大群众性的、思想上政治上组织上完全巩固的布尔什维克化的中国共产党。"[①]延安整风运动是中国共产党集中开展思想上自我革命的一次成功案例,破除了主观主义、宗派主义和教条主义的迷信,确立了毛泽东思想在全党的指导地位。

在自我革命方法上以"批评与自我批评"为标志性话语展开。毛泽东指

---

① 《毛泽东选集》第2卷,北京:人民出版社1991年版,第602页。

出,不惧怕批评和自我批评正是"抵抗各种政治灰尘和政治微生物侵蚀我们同志的思想和我们党的肌体的唯一有效的方法"①。在党的七大政治报告中,毛泽东又指出:"掌握思想教育,是团结全党进行伟大政治斗争的中心环节。"②这些论述都体现了中国共产党找到了明确的自我革命方法。在重要的历史节点上,自我纠错还体现在关键会议的重要发言和决议中。1927年8月,在武汉召开的八七会议上,党审视刚刚经历过的奋斗与失败,严厉地批判了党内右倾机会主义错误,时年34岁的毛泽东在会上第一次表述了"以后要非常注意军事,须知政权是从枪杆子中取得的"③,对党在革命斗争中的错误认识和实践开展了一次自我革命。1935年1月,遵义会议纠正了博古、王明、李德等人"左"倾领导在军事指挥中的错误,解决了当时最为紧要的军事和组织路线问题,在极端危急的历史关头,挽救了党,挽救了红军,挽救了中国革命,是中国共产党独立自主开展自我纠错的伟大尝试。毛泽东指出:"这次会议批判了教条主义。教条主义者说苏联一切都对,不把苏联的经验同中国的实际相结合。"④1941年至1945年的延安整风运动,更是确定了"惩前毖后,治病救人"的基本原则,打造了一场以解放思想、统一认识为主要特征的自我革命。1931年11月,中华苏维埃第一次全国代表大会在江西瑞金召开,选举产生中华苏维埃共和国中央执行委员会,宣布成立中华苏维埃共和国临时中央政府。期间,党的自身建设不断得到加强,党员队伍不断扩大,各级党组织得到健全,培育了以坚定信念、求真务实、一心为民、清正廉洁、艰苦奋斗、争创一流、无私奉献为主要内涵的苏区精神。1938年9月至11月,党的扩大的六届六中全会在延安举行,全会重申党的纪律,即个人服从组织、少数服从多数、全党服从中央,全会还强调加强马克思主义理论的学习。1938年底,全国党员人数从全民族抗战爆发时的4万多人增加到50多万人,这对党的自身建设提出新的要求。为了加强对党员的培训、提高党员素质,陈云撰写了《怎样做一个共产党员》的文章,刘少奇作《论共产党员的修养》的演说,张闻天连续发表《共产党员的权利与义务》等六篇文章。这些论著为党员教育提供了重要教材,在党的建设中发挥了重要作用。把党的建设作为一项伟大工程来推进,是党的一大创举。这表明

---

① 《毛泽东选集》第3卷,北京:人民出版社1991年版,第1096页。
② 《毛泽东选集》第3卷,北京:人民出版社1991年版,第1094页。
③ 《毛泽东文集》第1卷,北京:人民出版社1993年版,第47页。
④ 《毛泽东文集》第8卷,北京:人民出版社1999年版,第339页。

党对加强自身建设重要性的认识更加自觉和深刻。由此可见,新民主主义革命时期,中国共产党自我革命话语的内容以批判党内错误思潮、强化党的纪律与权威、完善民主集中制、开展反腐斗争为主。

(二)社会主义革命和建设时期在作风和纪律方面进行自我纠正

"革命"和"执政"从不是二元对立的关系。现代语境下的"革命",从列宁"任何革命的最主要的问题都是国家政权问题"①逐渐深化为包括政治、经济、文化和社会领域在内的总体性革命,从简单的形式上的改朝换代拓展为社会制度的整体跃迁。在社会主义革命和建设时期,中国共产党从未间断自我革命,其话语内涵也随之进一步丰富。1949年3月,毛泽东在党的七届二中全会上提出"两个务必"思想,将党中央在全国范围内的执政比作是"进京赶考",这一论述体现了中国共产党在思想深处对自身由革命党向执政党身份转变提出的自我告诫和教诲,也是中华人民共和国成立后党在思想作风领域重要的"提神剂"。1951年12月,为彻底完成民主革命遗留的历史任务,提升党的执政能力和水平,党和国家机关内部开展了"三反"运动,坚决清除党内腐化变节分子,以雷霆手段进行了严厉的惩处,维护了党的肌体健康。但执政经验的不足,仍使党在干群关系的处理中遇到棘手的问题。毛泽东指出:"整训干部已经成了极端迫切的任务,各阶层人民相当普遍地不满意我们许多干部的强迫命令主义的恶劣作风。"②1957年4月,为迎接全面建设社会主义的新任务,中国共产党在全党开展普遍深入的"反官僚主义、反宗派主义和反主观主义"的整风运动,唤起党中央"防止由社会的公仆变为社会的主人"的定位和认识。这充分彰显了中国共产党敢于直面问题,实现自我提高的勇气和决心。1962年11月,邓小平在《执政党的干部问题》一文中,首次明确提出党要管党思想,强调"党要管党,一管党员,二管干部"。

在社会主义革命与建设时期,随着身份的转换和党员队伍的扩大,中国共产党自我革命的任务更加艰巨、需要更加强烈。这一阶段中国共产党的整风运动与党员干部队伍建设过程中出现了许多带有强烈自我革命色彩的话语,以一种自上而下、领导干部带头自我批评的状态呈现,深化了中国共产党自我

---

① 《列宁全集》第32卷,北京:人民出版社2017年版,第158页。
② 《毛泽东文集》第6卷,北京:人民出版社1999年版,第56页。

革命话语的自省基调。

(三) 改革开放和现代化建设时期在拨乱反正中实现自我完善与提高

作为改革开放的领导者,中国共产党面临着通过改革富强国家的现实挑战,并以此开展了以解放思想和制度建设为主要内容的自我革命。这一时期,主要围绕"解放思想、实事求是"来建构党的自我革命话语。1977年,关于真理标准问题的大讨论率先拉开了全党思想解放运动的序幕,为党接下来的自我剖析奠定了思想基础。1978年,党的十一届三中全会开始全面拨乱反正,彰显党的自我革命的政治勇气。邓小平指出:"我们必须世世代代地用准确的完整的毛泽东思想来指导我们全党、全军和全国人民。"[①]1981年6月,党的十一届六中全会通过《关于建国以来党的若干历史问题的决议》,坚持实事求是,正确评价毛泽东思想并强调了毛泽东思想的指导地位,纠正了党内错误观念,统一了全党的认识。决议指出:"我们党敢于正视和纠正自己的错误,有决心有能力防止重犯过去那样严重的错误。从历史发展的长远观点看问题,我们党的错误和挫折终究只是一时的现象。"[②]1992年南方谈话是中国共产党在思想上的自省自检,持续贯穿现代化建设的新时期。为适应新形势和新任务,1998年到2000年,党中央发扬延安整风运动精神,在领导干部中开展以"讲学习、讲政治、讲正气"为基本的"三讲"教育,开启了常态化开展党内教育活动的先河,也是开展党自我革命的又一次实践。此后,"三个代表"重要思想的提出对保持党员的先进性提出了更高的要求,也使得党的自我革命话语有了更加制度化的表达。

这一阶段自我革命话语融入了更多时代的意蕴,注重提升党员干部对国际形势和时代发展的认识,囊括了"解放思想"和"团结一致向前看"的双层内涵。在这一时期,江泽民提出"治国必先治党,治党务必从严"思想。胡锦涛又提出了"坚持党要管党、从严治党,增强自我净化、自我完善、自我革新、自我提高能力"思想。这两个论断为习近平总书记提出"全面从严治党""坚持自我革命、勇于自我革命"思想作了不可或缺的认知奠基。

---

① 《邓小平文选》第2卷,北京:人民出版社1994年版,第39页。
② 《全面建成小康社会重要文献选编》(上),北京:人民出版社、新华出版社2022年版,第28页。

（四）中国特色社会主义进入新时代，以政治建设为统领，以制度法规建设为重点全面推进自我革命

党的十八大以来，中国特色社会主义进入新时代。中国国际实力得到大幅提升，而中国共产党自身面临的"四大考验""四种危险"也更加严峻。这一时期中国共产党自我革命的使命达到了前所未有的高度，一方面深入推进新时代党的建设新的伟大工程；另一方面要为实现中华民族伟大复兴的中国梦不断自我超越。随着反腐倡廉、党内集中教育、主题实践活动等方面逐渐形成一套系统的"组合拳"，革命性党建话语呈现出更加明显的"在场"状态，并在党建场域发挥了重要作用，是彰显中国共产党作为使命型政党建设的重要话语表达，也是在这一时期，积淀已久的自我革命话语终于以"自我革命"的概念得以系统权威表达。

2015年5月5日，习近平总书记在中央全面深化改革领导小组第十二次会议上的讲话中首次提出要"自我革命"，强调要教育引导各级领导干部"自觉服从改革大局、服务改革大局，勇于自我革命，敢于直面问题，共同把全面深化改革这篇大文章做好"①。2016年12月，习近平总书记在中央政治局民主生活会上要求政治局成员要"为全党作表率，做勇于自我革命的战士"。2017年2月13日，习近平总书记在学习贯彻十八届六中全会精神专题研讨班开班式上第一次对党的自我革命的内涵作了系统阐释，强调"勇于自我革命，是我们党最鲜明的品格，也是我们党最大的优势"。针对自我革命的这一理论定位，凸显了自我革命在新时代党的建设中的重要地位和理论深蕴。在党的十九大报告中，党中央系统提出新时代党的建设总要求，将全面从严治党写入党章。2021年，在党的十九届六中全会上，习近平总书记明确将自我革命作为跳出历史周期率的第二个答案。

进入新时代，"全面从严治党"是中国共产党推进自我革命的深刻体现。在表达上增加"全面"的前缀，指明自我革命指向更深更广的维度发展。习近平总书记指出："勇于自我革命，从严管党治党，是我们党最鲜明的品格。"② 新

---

① 《习近平谈治国理政》第2卷，北京：外文出版社2017年版，第104页。
② 《习近平关于全面从严治党论述摘编》，北京：中央文献出版社2021年版，第201页。

时代党的自我革命话语表达在与全面从严治党的逻辑相结合中呈现出全新的时代内涵,其话语含义包括:自我革命的目的是永葆党的先进性和纯洁性,主体是全体党员和干部,方式是党要管党、全面从严治党,内容是自我净化、自我完善、自我革新和自我提高,态度是正视问题、刀刃向内。党的自我革命话语表达呈现出更加权威、更加规范的特点。通过继承和发展马克思主义建党学说和不同时期党自我革命的主动精神,中国共产党开创了自我革命新境界,为中华民族伟大复兴的历史进程提供了重要的政治保障。

二、中国共产党自我革命话语的发展动力

历史上许多统治集团执政时间一长,内部精神衰退、不思进取、贪图享乐、腐化堕落的问题日渐增多,最终积重难返,没能逃脱王朝更迭、政党轮替的怪圈。要想跳出历史周期率,毛泽东给出了让人民监督的答案。经过百年奋斗,我们党又给出了第二个答案,那就是必须发扬自我革命精神。要回答自我革命精神从何而来,需着重探讨自我革命话语形成的内在依据与动力。

(一)崇高的理想信念

共产党人有着崇高的理想信念,并时刻保持着为理想信念奉献终身的使命自觉。自我革命话语形成的内生动力和马克思主义政党的历史使命紧密相关。中国共产党从成立之日起就担负着民族独立人民解放和实现中华民族伟大复兴的历史使命,并以此为指导而进行一切革命和斗争。然而,"初心不会自然保质保鲜,稍不注意就可能蒙尘褪色,久不滋养就会干涸枯萎,很容易走着走着就忘记了为什么要出发、要到哪里去,很容易走散了、走丢了"[①]。为确保党有资格有能力承担起时代重任和人民的期盼,确保党始终是在马克思主义指导下具有坚定的理想信念和崇高追求的革命性政党,必须进行自我革命。正是指向于"服务于社会革命发展需要"和"马克思主义政党建设需要"两个方面,自我革命话语在两个需要的相互贯通中提升深度和广度。实践证明,中国共产党人越是信仰信念坚定,就越是敢于"抛掉自己身上的一切陈旧肮脏的东西"[②]。

---

① 《习近平著作选读》第 2 卷,北京:人民出版社 2023 年版,第 298 页。
② 黄小军:《勇于自我革命是党最鲜明的政治品格》,《社会主义论坛》2021 年第 7 期。

(二) 科学的思想武器

马克思主义科学理论作为无产阶级的思想武器,自然成为中国共产党自我革命话语形成的重要来源。其一,辩证否定观为自我革命话语奠定了自我批判的底色。尽管马克思主义经典作家没有直接提出自我革命的概念,但围绕自我革命,他们几乎都作出过重要论述。马克思曾深刻指出:"资产阶级革命,例如 18 世纪的革命,总是突飞猛进,接连不断地取得胜利……相反,无产阶级革命,例如 19 世纪的革命,则经常自我批判。"①恩格斯也指出:"共产主义革命就是同传统的所有制关系实行最彻底的决裂;毫不奇怪,它在自己的发展进程中要同传统的观念实行最彻底的决裂。"②列宁更是一针见血地强调,要"以健康的强有力的先进阶级作为依靠的执政党,要善于清洗自己的队伍"③。可见,马克思主义经典作家普遍强调马克思主义政党要"经常自己批评自己",注重自我否定和自我扬弃。辩证唯物主义认为事物的发展是自我扬弃的过程,要经历否定之否定的阶段达到更高的层次。中国共产党深刻把握这一重要思想,在领导人民进行政治革命和社会革命的同时不断进行自我革命,成功实现了自我完善、自我革新、自我发展。其二,马克思列宁主义建党学说的传播为自我革命话语指引了方向。马克思主义政党在本质上是具有批判和革命基因的政党,因而中国共产党的自我革命话语坚持了马克思主义政党的批判性和革命性,指向自身的自我革命作为无产阶级政党建设话语体系中的革命话语重塑是在秉持马克思主义建党学说基础上的重大理论创新。

(三) 以人民为中心的目标追求

党的自我革命话语具有人民至上的叙述特征,蕴含着马克思主义人民性的政治品格,闪耀着党性和人民性紧密结合的光辉。马克思、恩格斯在《共产党宣言》中指出,共产党人"没有任何同整个无产阶级的利益不同的利益"④。无产阶级政党的本质属性决定了中国共产党以实现人的自由全面发展和解放全人类为己任,决定了党不谋私利而谋大利,能够超越利益羁绊,冲破利益藩

---

① 《马克思恩格斯选集》第 1 卷,北京:人民出版社 2012 年版,第 672 页。
② 《马克思恩格斯选集》第 1 卷,北京:人民出版社 2012 年版,第 421 页。
③ 《列宁选集》第 4 卷,北京:人民出版社 2012 年版,第 22 页。
④ 《马克思恩格斯文集》第 4 卷,北京:人民出版社 2009 年版,第 3 页。

篱，不回避问题，不文过饰非，敢于正视问题，拿起手术刀进行自我革命。在理论上和道义上具有先进性，构成了中国共产党自我革命话语的内在动因。习近平总书记指出："我们党之所以有自我革命的勇气，是因为我们党除了国家、民族、人民的利益，没有任何自己的特殊利益。"①一个政党把大多数人的利益放在首位，意味着在个人利益和多数人利益发生矛盾时，必然敢于放弃个人利益，实现自我超越。自我革命话语的与时俱进背后，是党始终坚持人民至上的价值立场。就此而言，立足人民、站稳人民立场必须是中国共产党自我革命话语"出场"的根本出发点。也只有始终站在人民立场审视自我，革除与人民利益相背离的作风习惯，将自身锻造成为为人民群众谋福祉的政党，我们党才能真正谋得扩大群众基础的可能，真正立于不败之地。

百年来，党的指导思想、行动、纲领和路线方针政策都体现了人民至上、人民主体地位的价值理念，在实践中彰显和检验了自身的价值性命题和理论性命题。真正做到立党为公、执政为民，就需要对一切有害于人民群众根本利益的毒瘤作斗争。质言之，坚守人民立场，维护党与人民的血肉联系始终是自我革命话语建构的历史主线和永恒课题。

(四) 时刻保持解决自身独有难题的清醒与坚定

中国共产党自我革命话语表现出鲜明的问题导向。习近平总书记指出："自我革命本身就是对着问题去的，讳疾忌医是自我革命的天敌。"②这里的问题主要是自身独有的难题，比如"如何确保全党在共同思想理论基础上的高度集中统一尤其不易"③。中国共产党的自我革命话语不是"价值中立"的语言表达工具，而是党思想观念和实践经验的集中凝练，彰显着党对保持先进性和纯洁性的追求。做到这一点"尤其不易"，必须坚持自我革命，时时用自我革命话语警醒自身，在态度上保持守正创新、正视问题、刀刃向内。毛泽东指出："房子是应该经常打扫的，不打扫就会积满了灰尘；脸是应该经常洗的，不洗也就会灰尘满面。我们同志的思想，我们党的工作，也会沾染灰尘的，也应该打扫和洗涤。"④中国共产党能够在众多社会力量中脱颖而出并创造辉煌成就，除了

---

① 《习近平关于全面从严治党论述摘编》，北京：中央文献出版社 2021 年版，第 20 页。
② 《习近平关于全面从严治党论述摘编》，北京：中央文献出版社 2021 年版，第 22 页。
③ 《习近平关于全面从严治党论述摘编》，北京：中央文献出版社 2021 年版，第 217 页。
④ 《毛泽东选集》第 3 卷，北京：人民出版社 1991 年版，第 1096 页。

代表新的生产力和具有先进性等特质外,更重要的是能够不断开展自我革命,进而完善和提升自我。纵观党的百年历程,正是时刻不忘对自我纠偏的清醒与坚定,让中国共产党能够历经磨炼而风华正茂,也让中国共产党的自我革命话语演变兼具共时性和历时性的统一。马克思主义政党必须科学掌握"批判的武器"才能完成"武器的批判",只有把真理的武器成功转化为中国共产党人自我革命的武器,把正义的力量转化为中国共产党人自我革命的动力,如此循环往复,生生不息,才能把两个革命坚持到底,时刻保持党的生机与活力,不断厚植中国共产党自我革命话语的内涵。

(五)中华传统文化兼收并蓄的品质

中国特色社会主义道路是在马克思主义指导下走出来的,也是从五千多年中华文明史中走出来的。习近平总书记指出:"'第二个结合'让中国特色社会主义道路有了更加宏阔深远的历史纵深,拓展了中国特色社会主义道路的文化根基。"[①]在马克思主义中国化语境下的自我革命话语,同样受到了中华优秀传统文化的熏陶和影响,这是中国共产党自我革命话语形成的文化依据。

中华优秀传统文化当中"天行健,君子以自强不息"的奋进意志、"先天下之忧而忧,后天下之乐而乐"的使命意识、"厚德载物"的道德要求等,塑造了中国共产党与众不同的政党品格,为党的自我革命话语提供了重要的文化滋养。中华优秀传统文化具有自强不息、奋发进取的民族精神,并具有兼收并蓄、博采众长的全球视野,这激励着中国共产党人不断改革创新组织形态和理念价值,探寻中华民族伟大复兴的强党强国之策。正是基于时刻注重自我反省,同时重视理论创新,保持"行百里者半九十"的审慎姿态,中国共产党才有敢于刀刃向内、勇于刮骨疗毒、不断进行自我批判、始终坚定自我革命的实践自觉,做到始终代表中国先进文化的前进方向,始终勇立时代潮头。

三、中国共产党自我革命话语的传播效果

中国共产党在百年实践中不仅形成了自我革命及其话语表达,还取得了自我革命话语传播的实际效果。通过话语传播不仅能够坚定党员理想信念,

---

[①] 习近平:《在文化传承发展座谈会上的讲话》,北京:人民出版社2023年版,第7页。

提升党的思想引领力,还能够保持党的政治领导力,增强党的社会凝聚力,拓展党的文化软实力。

(一) 坚定党员理想信念,提升党的思想引领力

思想是行动的先导,只有思想领域得到净化才能保障行动的稳健。历史上我们也出现过淡化"革命话语"的时期,部分党员和干部出现了信仰动摇、认识模糊、行动乏力的"软骨病"。党的二十大报告明确指出,党的执政目前依然面临着诸多挑战,"全党必须牢记,全面从严治党永远在路上,党的自我革命永远在路上"①。这表明,新的时代赋予自我革命话语以新的内涵。以不忘初心、牢记使命为出发点,自我革命话语表达让共产党员在面临百年未有之大变局以及国内外错综复杂的环境之下,更加明确只有发扬伟大斗争精神、永葆党的纯洁性才有可能夺取新征程的胜利。

回顾历史,中国共产党在不断自我革命过程中提升了思想引领能力。历届党的领导人对使命担当以及党内错误思想进行过系列分析与纠正,使革命话语在党建中不断复现,为廓清党内思想迷雾指明了方向。例如,通过在全党开展主题教育、借助自我革命话语进行革命精神的学习和传承,起到了切断错误思潮传播链条、净化党内思想之风的作用。随着革命实践的深化,自我革命话语的表达与阐述更加全面、旗帜更加鲜明,突出了执政党百年来革命理想和革命精神的沉淀,实现了执政党内在品格和外在使命的高度融合,有力地对党员干部进行思想洗礼。例如,党的十八大以来,习近平总书记围绕全面从严治党的要求,在不同场合提出了"四个意识""三严三实""不忘初心、牢记使命"等表述,引起党员对"自我革命"的共鸣、思考和实践,对党的建设具有精神引领的作用。自我革命话语经过党内思想教育的广泛开展,最直接的效果就是使得一系列主观主义、个人主义、教条主义等错误的思想得以克服,提高了党员的社会主义觉悟,使党的初心使命践行效果得到最大程度的发挥,提升了党的思想引领力。

(二) 有效表达法规制度体系,保持党的政治领导力

中国共产党的自我革命话语具有政治话语的严肃性,体现出党在制定和

---

① 习近平:《高举中国特色社会主义伟大旗帜 为全面建设社会主义现代化国家而团结奋斗——在中国共产党第二十次全国代表大会上的报告》,北京:人民出版社2022年版,第64页。

实施法规制度过程中的方向,有效保持和提升了党的政治领导力。如《中国共产党章程》对处理党员违纪和违反党的先进性和纯洁性等行为作出了极具震慑力和权威的规定;党的十一届五中全会通过了《关于党内政治生活的若干准则》,强调了解决权力过分集中、党政不分和群众监督等问题,要求制度更加规范的树立与良好运行;又如十八大以来党中央构建了一体推进"不敢腐、不能腐、不想腐"的体制机制,强力推进及时发现问题、纠正偏差、精准问责的效果,压减权力暗箱操作的空间。

对自我革命制度体系清晰的表达,不仅对党员起着深刻的警醒作用,还能够时刻提醒广大党员干部敢于同一切弱化党的领导、动摇执政基础和违反党规党纪的言行作斗争,从而不断增强自身的政治定力。此类话语在党内外的传播,不仅帮助党员更加自觉地坚定党性原则,还能够在社会层面消除一切损害党的先进性和纯洁性的因素,实现自我净化、自我完善、自我革新、自我提高,不断提高党组织的先进性。此外,自我革命话语对营造党内风清气正的政治文化具有决定性效果。党内政治文化一旦内化为广大党员的精神追求,便成为广大党员不需要提醒和强迫的自觉,促使广大党员从心灵深处主动接受规章制度的硬约束,保证规章制度的权威性。总的来说,自我革命话语的传播让制度治党更加有力,使党的纪律和规矩更加严明,各种违法违纪和贪污腐败现象得以从源头上减少,从而使相关法规制度体系落实过程中被歪曲和投机的可能性降低。随着刀刃向内的"刮骨疗毒"在自我革命话语传播过程中的持续深入,党组织保持了自身的先进性和纯洁性,得以在近代中国革命中堪当大任,带领中国实现民族独立与解放,并持续引领未来中国的发展方向,体现中国共产党作为马克思主义先进政党的政治领导力。

(三)彰显党的政治功能,增强党的社会号召力

塔西佗曾提出,当公权力失去公信力时,无论发表什么言论、做什么事,都只会招致负面评价的观点,后人将其称为"塔西佗陷阱"。要想避免掉入执政党合法性的"塔西佗陷阱",需要获得人民群众对执政党的心理认同。世界政坛起伏兴衰的历史经验告诉我们,政党自身肌体衰败是跳不出历史周期率的原因,如果执政党自身不硬,缺乏政治领导力、群众动员力和组织凝聚力,就无法顺应时代和人民的要求,导致人民群众投奔"政治冷淡主义"和"无政府主义",陷入令不行、禁不止的信任低潮,严重的会陷入执政党的政治危机。

自我革命话语的出场及有效传播,向全党全国人民作出了"打铁还需自身硬"的庄严承诺,塑造了中国共产党无私则无畏的形象,使其敢于光明磊落地反躬自省,进行自我检视与剖析,敢于勘误纠错,实现自我扬弃和完善。百年大党淬炼至今光辉熠熠,并非因其从未在奋斗历程中犯过错,而因其从不讳疾就医,敢于面向人民群众开诚布公地开展自我批评,敢于亮自己的丑①。在自我反思、自我否定和自我批评的基础上不断纠正错误加以改正,接受群众和其他民主党派的监督,成为中国共产党畅通民意、构建和谐党群关系的保障。在自我革命话语的宣传下取得的一系列党建成效,彰显了中国共产党将自我革命的理论和实践紧密结合的决心和勇气,使得党心军心民心为之一振,进而使广大人民群众在党自我纠错的实际行动中洞察到了无产阶级全心全意为人民服务的根本宗旨和以人民为中心的执政理念。这种自我革命的自觉成为党发挥政治功能和组织功能的保障,使得其推动社会革命、解放全人类有了题中之义,得到了广大人民的信任、支持和拥护,有效整合了多党派之间的关系,厚植了中国共产党长期执政的群众基础,增强了自身的社会号召力。

(四)提供解读执政模式的国际视角,拓展党的文化软实力

长期以来,西方国家凭借话语权优势,单方面输出西方制度模式和治理方案。但其政党之间轮流坐庄、推诿扯皮的混乱局面也显示出西方模式在治理能力和方法层面的窘迫,如何摆脱执政危机是全世界政党都面临的问题。在西方政党遭遇困顿之时,中国共产党基于自身百年实践的不断探索,逐渐阐发了整合中国特色实践形态和理论形态的自我革命话语,这一原创性话语体系兼具中华文明和中国气派,丰富了世界对于中国共产党执政规律的认识,展现出中国共产党长期执政的强大生机。在互联网交融互通下,体现中国共产党独特政治品格的自我革命话语在不同平台通过外译广泛传播。《习近平谈治国理政》等著作以多种语种在国外公开发行,在世界其他国家产生了很大的反响。凡此种种,体现了中国共产党在不断展示中国力量的同时也在重新塑造着社会主义政党的光辉形象,不断引领社会主义政党创造世界政治文明新样态。

---

① 郭正红:《马克思主义自我批判精神及其当代价值》,《马克思主义研究》2015 年第 5 期。

中国共产党自我革命的话语体系是对马克思主义建党学说的创新发展,具有鲜明的中国特色,是中国在逐渐走近世界舞台中央的时代背景下传递大党声音、讲好大党故事、塑造大党形象的话语载体,对于提升中国特色话语权具有重要的意义。其一经传播,就让非西方国家看到了不同于西方的"中国方案",对于突破西方模式在治理方法和能力的贫困上有重要的借鉴价值。中国共产党通过自我革命推动伟大的社会革命,形成了卓有成效的中国经验,有利于世界更好地认识中国,积极主动地向国际社会展示党的建设成效,克服了长期以来在国际舆论格局下因"失语"而被迫"挨骂"的问题,引导外部世界更加客观理性地认识中国共产党执政优势,向国际社会传递自我革命经验,抵制西方政党话语侵蚀。

【执行编辑:聂艳秀】

新时代中国共产党创新执政话语的外生性机制*

陈殿林　张诗雨

摘　要：中国共产党创新执政话语除了立足话语本身之外,需要更加注重从党的话语社会现实基础出发,即影响话语效果的现实因素出发来揭示其机制。新时代,党的话语创新步伐明显加快,我们需要坚持优化时代追踪机制、语境适切机制、供需对接机制和话语调适机制,进行由外而内的创新,以构建具有中国特色的执政话语体系。

关键词：新时代；中国共产党；话语；执政话语；创新机制

执政话语是党全面、规范、科学表达陈述其思想理念、实践要求的载体。新时代以来,中国共产党更加重视执政话语的建构,党执政话语创新步伐明显加快。基于此,研究党执政话语创新的机制成为重要的课题。中国共产党执政话语是在党的执政实践和历史演进中长期发展、渐进完善的内生性演进和外生性创新结果。从内生性看,执政话语创新是其执政价值、理论和概念矛盾运动转换的过程。从外生性看,执政话语创新是一个不断顺应时代语境、反映社会供需、适应舆论场域优化调试的过程。外部环境和动机是话语创新的现实因素,也是检验创新成果的重要标准,本文立足于外生性机制探讨新时代党创新执政话语的实践。

作者简介：陈殿林,合肥工业大学马克思主义学院教授、博士生导师；张诗雨,合肥工业大学马克思主义学院硕士研究生。

＊　本文系教育部"高校思政专项"重大课题攻关项目"思政课话语体系与新时代青少年话语模式融合研究"(23JDSZKZ04)的阶段性成果。

一、优化时代追踪机制

话语是对由社会存在所决定的社会意识的表述,其存在、构成、表达与传播都依赖于社会物质条件,因此话语既是历史的,也是现实的,每个时代的话语都深深地打上时代的烙印。作为凝练和表达党的执政经验和规律的话语也紧追时代的发展变化,积极顺应时代潮流,准确把握时代主题,科学回答时代课题。

(一)以时代变化为底色构建执政话语体系

执政党能否始终拥有执政地位和话语权,取决于其对时代变化的把握和对时代问题的回应。时代变化是话语产生和存在的背景,是话语创新和发展的条件,任何一个政党想让其话语富有活力,就必须以时代变化为背景。新时代中国共产党执政话语创新立足于不断回答"时代之问"。

放眼全球,世界进入动荡变革期。新时代,国际环境日趋复杂,人类是命运共同体,任何一个民族和政党都不能独善其身。作为世界第一大执政党的中国共产党展现起大党的责任担当,积极回应国际问题和需求,以时代变化为依据创新其话语体系。2020年,国家主席习近平在第七十五届联合国大会一般性辩论上提出:"新冠肺炎疫情不会是人类面临的最后一次危机,我们必须做好携手迎接更多全球性挑战的准备。"[①]面对疫情的肆虐,向世界各国提出合作互助的邀约。2021年,在世界经济论坛"达沃斯议程"对话会上,国家主席习近平提出,"中国将更加积极地参与全球经济治理,推动经济全球化朝着更加开放、包容、普惠、平衡、共赢的方向发展"[②],对零和博弈小集团的国际问题,提供中国方案和中国智慧。2023年,习近平总书记在《求是》杂志上发文提出:"我国的现代化是走和平发展道路的现代化。"[③]针对动荡不安的国际局势,为世界和平做出中华民族的庄严承诺。新时代,中国共产党始终将自身、将中国

[①] 习近平:《在第七十五届联合国大会一般性辩论上的讲话》,《人民日报》2020年9月23日。

[②] 习近平:《让多边主义的火炬照亮人类前行之路——在世界经济论坛"达沃斯议程"对话会上的特别致辞》,《当代党员》2021年第3期。

[③] 吴秋余、齐志明、杨彦帆等:《中国式现代化是强国建设、民族复兴的康庄大道》,《人民日报》2023年3月4日。

置于世界背景之下,深刻洞悉时代变化、准确把握世界问题,不断为全球性问题做出回应,在全球变化下孕育自己的执政话语。

立足国内,中华民族的伟大复兴步入不可逆转的进程。新时代,中国社会的面貌焕然一新,党的执政话语也随着社会的变化不断推陈出新。一方面,执政话语内容不断出新。新时代,党提出一系列治国理政的新概念,如经济领域的"新质生产力"、科技领域的"高水平的自立自强"、党建领域的"自我革命"等。话语内容创新的背后是党对社会全局的准确把握和具体领域的精确规划,是党执政智慧和能力的彰显。另一方面,执政话语的传播方式更加丰富新颖。信息技术的发展创造出一个开阔的平台,社会进入"人人都有麦克风"的全媒时代,中国共产党话语传播呈现新的特点,在空间上,话语传播打破空间壁垒由地域性传播转向一体化、混合型传播;在时间上,话语传播突破时间局限由集中性传播转向日常传播;在传播方式上,由文件、公文、会议、邮件、电话等传统媒介转为推文、短视频、音频、直播、资讯等现代化传媒。

(二)以时代目标为核心构建执政话语体系

目标决定方向,方向决定道路。中国共产党始终坚持根据不同历史时期的任务和目标创立和凝练自己的执政话语,为执政实践提供指导。

新时代,党执政话语创新锚定民族复兴的宏伟目标。从习近平总书记2012年参观复兴之路的展览中第一次提出"中华民族伟大复兴的中国梦"到党的十八大确立"两个一百年"的奋斗目标并将第二个百年奋斗目标从"富强民主文明和谐的社会主义现代化国家"拓展到"富强民主文明和谐美丽的社会主义现代化强国",再到2017年党的十九大提出"决胜全面建成小康社会",到2021年在庆祝中国共产党成立100周年大会上宣布"实现了第一个百年奋斗目标,又踏上了实现第二个百年奋斗目标新的赶考之路"①。党执政话语随着中华民族伟大复兴的历史洪流不断更新完善,使其契合历史规律、得到人民群众的拥护、树立起高大威严的大党形象和权威。

新时代,党执政话语创新紧扣中国式现代化的具体目标。中国式现代化建设目标是一个宽领域、多层次的目标整体,涉及政治、经济、文化、社会、生态

---

① 习近平:《在庆祝中国共产党成立一百周年大会上的讲话》,《人民日报》2021年7月2日。

文明等多个方面。从经济目标角度,新时代,党执政话语紧紧围绕社会主义经济稳定快速发展提出"供给侧结构性改革""市场决定作用""三新一高"等话语理念;从政治目标角度,新时代,党执政话语围绕社会主义民主政治确立并提出了"协商民主""全过程人民民主""最真实、最管用、最广泛的民主"等话语概念。从生态目标角度,党执政话语以人与自然和谐共生提出"良好生态环境是最普惠的民生福祉""生命共同体"等话语表述;从文化目标角度,执政话语紧紧围绕提高文化软实力提出"文化自信",强调"文化自信是更基本、更深沉、更持久的力量"①"将马克思主义与中华优秀传统文化相结合"等话语表达;从外交的角度,新时代执政话语紧扣和平与发展提出"全球伙伴关系""人类命运共同体""全球文明倡议""新型国际关系"等话语概念。新时代党在中国式现代化建设各个领域的话语创新,将党的执政理念落实落细,实现顶层设计和具体谋划的统一,给其执政话语不断注入现实感和鲜活力。

(三)以时代矛盾为关键创新执政话语体系

唯物辩证法指出,矛盾是事物发展的动力。每个时代都有其特殊的矛盾和问题,这些矛盾的解决又推动着社会发展。政党的先进性就体现在其对时代矛盾的准确把握和时代问题的及时解决,这种预见性主要反映在其执政话语的创新上。

新时代,中国共产党围绕社会主要矛盾,持续更新话语表述。新时代之"新"就在于社会矛盾发生了新变化,即人民日益增长的美好生活需要和不平衡不充分的发展之间的矛盾。围绕这一主要矛盾,党先后在2013年十八届三中全会中提出,"'蛋糕'不断做大了,同时还要把'蛋糕'分好",强调发展的公平协调,实现效率和公平的统一;2022年党的二十大报告中提出"中国式现代化是全体人民共同富裕的现代化",突出发展的全民性,发展成果由全体人民共享;"十四五"规划纲要中提出2035年美好愿景"人的全面发展、全体人民的共同富裕取得实质性进展"体现发展的全面性。社会主要矛盾是执政话语创新不能回避的课题,新时代以来党从强调"协调发展"到"全民发展"再到"全面发展""高质量发展",体现着其对时代矛盾的洞察和对社会问题的判断,是党

---

① 习近平:《在庆祝中国共产党成立95周年大会上的讲话》,《人民日报》2016年7月2日。

执政能力和水平的重要外在表现。

新时代,党的执政话语创新锚定"人民美好生活需要",解决社会主要矛盾。中国共产党坚持以人民为中心的发展思想,锚定人民美好生活需要,问需于民,问计于民,问效于民。一者不断表达人民需要,满足人民需要。"绿水青山就是金山银山""更好的日子""四下基层"……永远把老百姓放在心中最高位置;二者向人民学习,汲取群众智慧和力量,新时代,"枫桥经验"不断夯实拓新基层治理新路,"放下架子、扑下身子,接地气、通下情",真正通过调查研究实现问计于民;三者问效于民,"时代是出卷人,我们是答卷人,人民是阅卷人",习近平总书记铿锵有力的话语,道出只有人民的口碑才是党的执政成效的评判标准。

二、优化语境适切机制

当今谁掌握国际话语主导权谁就掌控了世界事务主动权。新时代,中国共产党执政话语创新注重统筹国际和国内两个大局,坚守中国立场,放眼世界,努力构建中国特色、中国风格、中国气派的话语体系。立足国内,党围绕着政治领域、学术领域、日常生活领域等形成不同的话语形态。放眼世界,党打造融通中外的新概念、新范畴、新表述,并做好不同话语形态之间的转换工作,形成多元话语和谐共生的良好话语生态。

(一) 构建民族独特的话语体系

优化执政话语的适切机制,使其更好地适应国内外的话语情景,并不是要复制其他国家的话语系统,相反具有民族特色和风格的话语体系能更好地彰显自身的特点和优势。民族的就是世界的,中国共产党始终重视结合中国具体实践和实际来创新话语体系,提出了"中国特色社会主义""中国式现代化"等概念,这些话语不仅为中国社会主义建设提供指引,还得到了国际社会的认可,为解决世界问题提供了中国智慧和中国方案。

新时代中国共产党致力于打造民族独特的话语体系。古语有云"和实生物,同则不继","和"即和谐,意思是实现和谐事物才能发展生长,如果相同就会停滞。新时代党秉承"和而不同"的理念,对其执政话语进行民族化创新。一方面,执政话语着重突出民族特色。比如,提出"中国式现代化"厘清了我国现代化与殖民掠夺的资本主义现代化的界限,突出和谐、平等、和平的民族风格和特点。另一方面,我们党的话语创新强调对中华优秀传统文化的继承和发展。善于引经据典是党的十八大以来我们党执政话语创新的一大特色,新时代党的话语表达总是带着"古色""古香""古韵",如用魏源(清)《默觚下·治篇》中的"履不必同,期于适足"表明世界上没有放之四海之内皆准的发展模式,鼓励各个国家探索适合自身的发展道路。用《汉书·王吉传》中的"六合同风,九州共贯"强调实现中国梦必须要凝聚全国人民的力量。从诸子百家到唐诗宋词,从孔夫子到杜甫、欧阳修,新时代党用实际行动践行"第二个结合",党的执政话语不断从中华优秀传统文化中汲取养分,将中华传统文化与政治话语深度融合,使其兼具民族性和政治性,是话语本身的更新和完善,也是对中华传统文化的继承和传播。

(二)打造融通中外的话语表述

执政话语不仅是党执政实践的指引,还是其在国际舞台上展现自身形象的载体。党的二十大报告明确指出:"要全面提升国际传播效能,形成同我国综合国力和国际地位相匹配的国际话语权。"[1]无法融通是话语走向世界的主要障碍,新时代中国共产党坚持打造融通中外的新概念、新范畴、新表述,推动对外话语体系创新。

新时代党执政话语致力于寻找融通中外的价值认同。各国历史、文化、制度、发展水平不尽相同,但并不意味着各国没有共同的理想和价值。党的十八大以来,党的执政话语体系竭力超越地域、民族的差别,以人类共同利益为纽带,凝聚不同文明的价值共鸣,在尊重"差异"中谋求"大同"。2021年习近平总书记提出:"弘扬和平、发展、公正、正义、民主、自由的全人类共同价值。"[2]对全人类共同价值的内涵和构成进行全面的阐释。同年,习近平在与美国总统拜登举行视频会晤中重提全人类共同价值,并强调"搞意识形态划线、阵营分割、集团对抗,结局必然是世界遭殃",强调全人类共同价值外延,划清人类共同价

---

[1] 习近平:《高举中国特色社会主义伟大旗帜 为全面建设社会主义现代化国家而团结奋斗》,《人民日报》2022年10月26日。
[2] 习近平:《关于〈中共中央关于党的百年奋斗重大成就和历史经验的决议〉的说明》,《人民日报》2021年11月17日。

值与资本主义价值的畛域。在国际交往中,只有体现和把握人类共同价值理念的话语和表达才能得到国际社会的认同,新时代党执政话语创新以谋发展、谋全球共同发展为导向,展现出中国共产党的世界情怀和中华民族负责任的大国形象。

新时代党执政话语创新采用融通中外的表达方式。囿于语言差异和文化隔阂,中西方交流之间误解和摩擦在所难免,提高党执政话语的传播能力和国际影响力就必须打破语言阻碍。新时代党执政话语在保证民族性的基础上,吸收借鉴其他民族文明成果。党的十八大以来,党积极挖掘其他民族地区话语资源,以他国之语传递中国之音。2013年在墨西哥访问时,习近平引用拉美谚语"朋友要老,好酒要陈",表达了对中墨两国深厚友谊的赞美以及对两国关系发展的期待。2018年在西班牙《阿贝赛报》发表文章中引用西班牙思想家加塞特名言"志向远大方能进步,目光长远才能前行"展望中西关系的美好愿景。习近平指出:"交流互鉴是文明发展的本质要求。"党的执政话语既是中国社会主义建设的产物,也是世界历史演进发展的结果,是中国实践、中华文化与世界文明碰撞的火花。新时代,党运用丰富的国外语料打通了执政话语国际传播的路径,形成融通中外的话语表达,展现了党卓绝的外交智慧,拉近了国与国之间的距离。

(三) 构建不同话语的转换逻辑

党的十八大以来,中国取得举世瞩目的成就,日益走向世界舞台的中央。但是树大招风,在中西方博弈中,西方国家为了破坏中国形象不择手段,歪曲党的执政话语就是他们的惯用伎俩。新时代,党的执政话语创新立足于全球叙事的广阔视角,构建不同话语的转换逻辑,紧紧握住党执政话语的国际解释权,打破不同话语之间的障碍和转换壁垒,预防避免一些"别有心意"的个人与国家对其话语进行曲解和丑化。

新时代,党以促进不同形态话语的融通转换为目标创新话语体系。构建转换逻辑是话语创新的重要环节,党的执政话语是一个横涉各领域、纵跨各方面的立体系统,从横向内容看,包括政治话语、经济话语、文化话语等;从纵向结构看,包括政治话语、学术话语、日常话语等。由于生成语境、具体实践的差异,不同形态的话语的具体内容、表达方式、语言风格也不尽相同。要发挥党执政话语统揽全局的作用,实现不同话语形态的转化是关键步骤。为此,党以

"中国特色""马克思主义""社会主义"等不同话语之间共同的底层概念和逻辑为突破口,增加不同话语之间的"黏性",实现话语相互转化和交融。从经济领域强调"中国特色社会主义市场经济",到政治场景强调"中国特色社会主义民主政治",新时代,党执政话语创新以底层逻辑为抓手,突出不同领域话语之间的共同标识。同时话语创新致力于推动政治话语与日常话语的转换,将政治话语中的"平等的全球文明观"用"萝卜青菜各有所爱"的日常话语表达,对政治性话语进行日常化大众化的加工,赋予话语鲜活的烟火气。

新时代,执政话语创新实现不同舆论场的适应转化。党的执政话语具有双重性,对内是执政实践的指导,对外是国家形象的象征,在不同的舆论场,执政话语的地位和作用不同,相应的内容和表述也有所差异。如何提高执政话语适应和转化能力,使话语不仅说出来、还要说出去是话语创新的重点和难点。党的十八大以来,党以提升执政话语的适应力为目标,从话语的融通点入手,以共同意蕴为突破口,实现话语的灵活转换。2015年习近平在博鳌亚洲论坛上说:东南亚朋友讲"水涨荷花高",非洲朋友讲"独行快,众行远",欧洲朋友讲"一棵树挡不住寒风",中国人讲"大河有水小河满,小河有水大河满"[①],从非洲、欧洲到中国、东南亚党灵活运用不同民族的谚语表达互助合作的共同道理。新时代,党秉持着平等共享的全球文明观,将中华文化与其他国家文明连接起来达到异曲同工的效果,提高其执政话语在不同舆论场的适应性。

三、健全供需对接机制

"政党是特定阶级的利益代表,有其独特的阶级立场。是否站在人民立场上是马克思主义政党的试金石"[②],作为以马克思主义为指导的中国共产党始终坚持人民立场,这一立场深刻展现在其话语中。新时代,党执政话语创新紧紧围绕人民群众的话语需求展开,一方面反映群众诉求,倾听群众呼声;另一方面注重吸收群众智慧,运用人民群众喜闻乐见的语言表述。

[①] 习近平:《迈向命运共同体开创亚洲新未来》,《人民日报》2015年3月29日。
[②] 杨叶平、王丽颖:《人民至上:中国共产党执政话语的本质特征》,《哈尔滨工业大学学报》2023年第3期。

(一) 人民需要——执政话语创新的价值起点

一个政党必须弄清自身是谁、从哪里来、为谁而来的问题,这是彰显其价值立场的起点。中国共产党从诞生时就坚定地宣誓自己是工人阶级的先锋队、代表最广大人民的根本利益。坚持人民性不是一句口号,而是一个实践的原则,新时代新征程上,中国共产党始终将人民立场植根在执政话语的创新之中,可以说党执政话语创新的过程就是继承和发扬人民性的过程。

新时代党执政话语对人民需求的洞察更加敏锐。人民群众的需求具有不稳定性,社会的发展和变化会映射在人民群众的需求中,革命战争年代,人民渴望天下太平、长治久安,社会安定年代,人民渴望生活富足、社会进步。新时代党不断提高自身的"嗅觉",及时准确地把握人民群众的需求,并根据群众需求的变化准确及时更新话语体系。2017 年,习近平在新年贺词中讲道:"我最牵挂的还是困难群众,他们吃得怎么样、住得怎么样。"同年 7 月 26 日的重要讲话中提出:"经过改革开放近 40 年的发展,人民群众的需要呈现多样化多层次多方面的特点,期盼有更好的教育、更稳定的工作、更满意的收入……。"2021 年,在庆祝中国共产党成立 100 周年大会上的讲话中提出:"践行以人民为中心的发展思想,发展全过程人民民主……推动人的全面发展、全体人民共同富裕取得更为明显的实质性进展!"[1] 从"衣食住行"到"八个更的新期盼"再到"共同富裕",从最基本的生活需要到全面高质量的需求,新时代党执政话语创新内含着党对人民群众需求的敏锐洞察,映射着鲜活的人民立场。

新时代党执政话语始终把握人民需求的差异性,坚持具体问题具体分析。人民群众的需求不是千篇一律而是千人千面的,根据层次的不同可以分为世界理想、国家愿景、生活期望;根据性质的不同可以分为物质需求和精神需求;不同地域人民的需求也不尽相同。需求的差异性就对应到党执政话语的多样性上。新时代党执政话语的创新立足人民不同需要、倾听人民不同声音、反映人民不同诉求。2021 年,习近平总书记在党史学习教育动员大会上的讲话提出"还要从最困难的群众入手、从最突出的问题抓起"[2],突出基层群众特殊性,

---

[1] 习近平:《在庆祝中国共产党成立 100 周年大会上的讲话》,《人民日报》2021 年 7 月 2 日。

[2] 习近平:《在党史学习教育动员大会上的讲话》,北京:人民出版社 2021 年版,第 25 页。

满足基层群众的需要。党的十八大以来,党基于不同地区特点和社会问题,有针对性地创新其执政话语和表述,针对西藏等边疆地区提出"依法治藏、富民兴藏、长期建藏";针对香港澳门等特别行政区提出"港人治港""澳人治澳"。新时代,党执政话语关注人民需求和发展的差异性,做到因人因地应变,实现其话语统揽全局和协调各方的统一。

(二)人民接纳——执政话语创新的中介

党执政话语是连接党和人民群众的中介和窗口,它塑造和展现党的形象,承担着传播解释党的思想、方针政策的责任。话语传播是一个双向互动的过程,不仅要"说出去",还要让人"听进去",而后者是传播的关键也是衡量传播效果的重要标准。习近平总书记曾指出:"与新社会群体说话,说不上去;与困难群众说话,说不下去;与青年学生说话,说不进去;与老同志说话,给顶了回去。"①现实生活中这种"失语""失声"现象屡见不鲜,话语传播效果不佳。基于此,新时代中国共产党不断开拓话语传播的人民路径,不仅坚持为人民说话,还坚持说人民话。

新时代,党执政话语兼具权威性和人民性。党的执政话语不再是高高在上的命令,命令带有强制性,人们对命令的接收和执行往往是被动的,容易产生逆反心理。强制性的命令能入群众之耳、之眼,但很难入群众之心。新时代,党执政话语更具有人民性、更接地气,提出"照镜子、红红脸、出出汗",用"照镜子""红脸"比喻党内批评与自我批评。"要把好脉,中国身体怎么样。号脉都号不清楚,那治什么病?"用"号脉"形容哲学社会科学要从中国具体实际和问题出发。新时代,党坚持宏大叙事与微小叙事统一,从人民群众生活中的实事小事入手,阐释党的"大理论""大道理",以"唠家常""开玩笑"的方式打开群众心扉,让其执政话语充满人民情结和生活气息。

新时代,党执政话语从人民话语中寻找资源。党的十八大以来,党坚持发挥人民首创精神,利用人民群众的智慧,把丰富的人民语汇作为资源库,利用人民自己的俗语、俚语,提高人民对其执政话语的理解和接纳程度,让群众听进、听懂。用"出发一车子、开会一屋子、发言念稿子"批判形式主义作风;用"脚踩西瓜皮,滑到哪儿算哪儿"形容盲目随大流现象,强调政府工作要做好整

---

① 习近平:《要群众信任决不仅仅靠权力》,《人民日报》2005年5月30日。

体规划;用"小康不小康,关键看老乡"突出农村脱贫攻坚工作的重要地位。除此之外,新潮网络语乃至流行歌曲,也是新时代党话语创新的来源。2013年在会见中国驻俄使馆工作人员和中资机构代表时,习近平总书记巧借流行语"累并快乐着",诙谐地展现了他积极乐观的人生态度和对人民和国家事业的热爱。爱讲"大白话"是新时代执政话语创新的独到之处,扩大了话语的辐射范围,提高了其实效性。

(三)人民美好生活——执政话语创新的实践归宿

唯物辩证法认为发展是永恒的、普遍的,也是渐进的、阶段性的。马克思主义者是永恒发展论和发展阶段论的统一论者。这种辩证发展观要求党执政话语创新既关注人民的当下需要,又反映人民长远目标,即美好生活。新时代,党的执政话语创新以人民的美好生活为实践指向和归宿,符合人们的期盼。

新时代,党执政话语创新不断对"人民美好生活"做出回应。"美好生活"是新时代重要的政治话语,体现人民群众对未来生活的期待和要求,也是对党执政话语创新长远的、实践维度的要求。2012年习近平总书记提出:"我们的人民热爱生活,期盼有更好的教育、更稳定的工作……人民对美好生活的向往,就是我们的奋斗目标"[1],并对人民美好生活进行了详尽的论述,突出其重要的地位。2020年,习近平总书记在庆祝深圳经济特区建立40周年大会上提出:"推动文化产业高质量发展,更好满足人民精神文化生活新期待"[2],强调人民精神需求,丰富"人民美好生活"的内涵。2021年习近平总书记进一步提出:"办好中国的事情,让14亿多中国人民过上更加美好的生活",体现了党心系全体人民,突出了美好生活的全体性。2022年党的二十大报告拓宽了"人民美好生活"的外延,指出:"我们坚持把实现人民对美好生活的向往作为现代化建设的出发点和落脚点,着力维护和促进社会公平正义,着力促进全体人民共同富裕,坚决防止两极分化"[3]。美好生活不再局限于物质和精神两个方面,而是

---

[1] 中央文献研究室:《十八大以来重要文献选编》(上),北京:中央文献出版社2014年版,第70页。

[2] 《深圳经济特区建立40周年庆祝大会隆重举行 习近平发表重要讲话》,《中国纪检监察》2020年第20期。

[3] 习近平:《高举中国特色社会主义伟大旗帜 为全面建设社会主义现代化国家而团结奋斗》,《人民日报》2022年10月26日。

更加协调高质量的发展。2024年,习近平在新年贺词中重申:"我们的目标很宏伟,也很朴素,归根到底就是让百姓过上更好的日子。"①指出了人民美好生活的长远希冀。从2018年到2024年,美好生活从"教育、工作"到"更好的日子",虽然党的话语内容和表述不断更新,但话语旨归始终未变。新时代党积极回应人民的期盼,根据需求的变化,不断为人民美好生活做出承诺。

四、创新话语调适机制

话语创新不是一蹴而就的过程,而是一种理想、一种超越。新时代党在保持元话语基本稳定的前提下,建立动态的话语效果评估体系,以周期性的评估反馈结果为依据进行话语调整,以期达到最好的话语效果。

(一) 坚持执政话语创新的底层逻辑和元概念

古希腊语"元"(Meta)在辞源学上包含"在之后""超越"和"总体认识"的意思,汉语中"元"的古字形像头部突出的侧立的人形,而头位居人体之首和最高处,因此引申表示首要的、第一的。元概念可以理解为原本的、根本的概念。党的执政话语就是由元概念和新表述构成的系统,执政话语的创新不是对原有话语的全盘否定和推翻,而是一个既肯定又否定的辩证扬弃过程。新时代党的执政话语创新始终坚持"守正"和"创新"的统一,实现其话语继承性和发展性、历史性和社会性、真理性和价值性的统一。

新时代执政话语创新严守基本理论、方向和立场。执政话语创新不能走改旗易帜的邪路,党的基本理论、方向和立场是执政话语的根基,也是话语行稳致远的保障。2021年,习近平总书记在纪念辛亥革命110周年大会上讲道:"继续推进马克思主义中国化时代化";2022年,习近平总书记在党的二十大上提出:"坚持中国特色社会主义道路,既不走封闭僵化的老路,也不走改旗易帜的邪路";2023年,习近平总书记提出:"我们党始终坚定不移地走中国特色社会主义道路。"中国共产党以坚定的态度和负责任的行动,表明了元概念是执政话语创新的根本,若是背离话语的底层逻辑就是无源之水、无本之木。

新时代党以执政实践为依据对话语概念进行改造式创新。执政话语创新

---

① 《国家主席习近平发表二〇二四年新年贺词》,《人民日报》2024年1月1日。

不能走故步自封的老路,也不能是空穴来风的理论创造,社会主义建设实践是党执政话语创新的现实基础和依据。党执政话语始终围绕党执政时间空间、执政目标和任务、执政方针和政策、执政策略和方式的变化进行创新。如由"三个自信"拓展到"四个自信",强调新时代对传统文化、传统价值体系的尊崇;由民主监督的"第一个答案"发展到自我革命的"第二个答案",体现新时代党建的新要求。

(二)构建执政话语创新的多视角评估体系

执政话语体系创新的评估是对执政话语体系创新的成绩和效果的反馈和评价,简单来说就是对话语创新结果是否满足政府和人民期望的判断,它是执政话语创新的重要一环,也是执政话语改进和完善的直接依据。党执政话语的创新是涉及多个领域和环节的复杂过程,因此对执政话语评估也是多元化、多主体、多渠道的。

从时间维度看,坚持诊断性评估、形成性评估、结果性评估相结合。诊断性评估是在执政话语创新前对现有的执政话语体系的评估,这一评估有利于发觉和锁定现有话语的短板,为之后的补足和拓展搭建基础。形成性评估是在执政话语创新过程中的评估,这一评估可以给话语创新过程提供连续及时的反馈,有效调控创新过程。结果性评估是在执政话语创新之后对创新结果的评估,这是一种相对方便、简洁的评估方法,通过这一评估可以直观、快速地展现话语创新的效果。执政话语创新效果的评估应将三者统一起来,重结果轻过程的评估和重过程轻结果的评估都无法准确全面地反映执政话语创新的效果,对执政话语创新的评估应该贯穿创新前、中、后整个过程。从主体维度看,坚持内部评估和外部评估相统一。内部评估就是指作为执政话语创新主体的中国共产党对话语创新的评估,这一评估需要党进行自我反思与批评,能够提高党执政话语创新的能力和内生动力。外部评估是指依靠人民群众的力量,发挥人民群众的主动性对话语创新评估,这一评估能够提高人民群众的参与感,夯实执政话语创新的群众根基。从方法角度看,坚持定性评估和定量评估相统一。定性评估是对执政话语创新的"质"即性质、质量的评估,定量评估是对其数量的评估。从评估渠道维度出发,坚持传统渠道和新型媒介相结合。传统的问卷调查、访谈、田野考察等评估渠道受到时间、空间、主体等方面的限制,效率低、灵活性差等缺点日益显现。执政话语创新的评估要善于运用大数据、云计算等新兴技术和媒介巨大的存储空间、高速的信息加工能力等优势，将传统评估方式和新兴技术结合起来实现对话语创新准确高效的评估。

【执行编辑：李梅敬】

新时代中国共产党青年话语的内涵意蕴、实践样态与发展路径*

简臻锐　李如希

摘　要：青年是党和国家事业发展进程中不可忽视的有生力量。中国共产党自诞生起就十分重视青年工作，并在长期的理论与实践探索过程中，形成了独具中国特色的青年话语体系，创新了青年话语范式。新时代中国共产党青年话语是在守正创新基础上，对新时代"培养什么样的青年，如何培养青年，为谁培养青年"这一问题的话语总结和凝练，有着明确的主题、主体和任务指向，是一个科学全面、逻辑严整的话语表达系统。在新时代面向"两个大局"的实践中，党的青年话语形成了共同参与的话语主体样态，呈现出系统完整的话语内容样态，凸显出生动形象的话语表达样态，突出了智媒赋能的话语传播样态。面向新征程，中国共产党青年话语需要继续在筑牢话语根基、融通话语表达和优化传播机制上着力，才能更好地教育青年、指引青年和团结青年坚定不移地以中国式现代化推进中华民族伟大复兴。

关键词：中国共产党；青年话语；中国式现代化

青年是党和国家事业发展进程中不可忽视的有生力量。新时代以来，中国共产党统筹中华民族伟大复兴战略全局和世界百年未有之大变局，加强对青年及青年工作的顶层设计和战略安排，形成了独具新时代特点的青年话语

作者简介：简臻锐，中央财经大学马克思主义学院副教授；李如希，中央财经大学马克思主义学院博士研究生。

* 本文系教育部高校思想政治理论课教师研究专项高校优秀中青年思政课教师择优资助项目"'大思政课'视域下高校思想政治理论课教学话语创新研究"（23JDSZK122）的阶段性成果。

体系。这一话语体系集中体现在以习近平同志为核心的党中央关于青年及青年工作的相关论述中。然而,这些论述在现有的研究中主要体现为对习近平"青年观"、马克思主义青年观的创新发展等相关问题的思考,鲜有从话语角度展开①。话语是意识形态工作的重要介体,是连接党与青年的重要桥梁与纽带,在凝聚青年、团结青年方面起着至关重要的作用。中国共产党青年话语(以下简称"党的青年话语"),既蕴含特定的马克思主义青年思想,又在青年及其工作实践中发挥重要作用。因此,在马克思主义青年工作的研究中重新审视党的青年话语,既能够跳出囿于只研究青年观而忽略青年发展实际的困境,又可以防止只注重青年工作而忽视其中蕴含的思想理论指导的问题。审视党的青年话语,既是新征程上向青年讲好中国故事、传播中国声音的现实需求,也是打造立足中国的自主知识体系、学科体系、学术体系,推进中国式现代化话语体系构建的应有之义。阐明党的青年话语的内涵意蕴、实践样态以及发展路径,能够更加充分发挥话语的魅力,形成青年思想政治工作的合力、找到凝聚青年的最大公约数。

一、新时代中国共产党青年话语的内涵意蕴

话语作为语言的实践,既是表达言说者观点和看法的重要媒介,也能影响人的态度和行为。作为当代中国马克思主义话语体系的重要组成部分,新时代党的青年话语有其特定的理论支撑和价值导向,承载着丰富的意识形态内涵,包含着党对青年的期望、要求与青年工作的方式、方法等,既有国家发展的主题、时代发展的根本任务对青年提出的新要求新期待,也体现了党始终关注青年群体自身成长发展的新特点新规律,突出表现在以强国建设、民族复兴为主题,以培养时代新人为根本任务和以尊重青年主体性为基本遵循三个方面。

（一）以强国建设、民族复兴为主题

中国特色社会主义进入新时代,实现民族伟大复兴的"中国梦"是这个时代的最大主题。在世界正处于百年未有之大变局和中华民族伟大复兴战略全

---

① 简臻锐、李如希:《新时代党的青年话语:生成、内涵与阐释原则》,《高校马克思主义理论教育研究》2023年第5期。

局纵横交织的局面下,西方国家凭借掌握国际话语主导权的优势,利用诸如"国强必霸论""中国威胁论"等话语消解"中国梦""中华民族伟大复兴"等话语叙事,在青年话语场域中增加了话语叙事的复杂性、多变性。面对出现的新情况和衍生的新问题,党的青年话语立足中国、胸怀天下,坚持推进和拓展中国式现代化等中国特色话语回应西方话语的入侵与渗透,在此过程中产生了系列强国话语、复兴话语、自信话语、自强话语等21世纪马克思主义话语体系,并与新时代青年发展实际紧密结合,衍生出特有的青年话语体系。比如,鼓励青年"勇做走在时代前面的奋进者、开拓者、奉献者,努力使自己成为祖国建设的有用之才、栋梁之材"①。实现强国建设、民族复兴需要依靠青年,也能成就青年。这一接力棒,"历史地落在我们这一代人身上"②,新时代的青年要"不断为强国建设、民族复兴伟业添砖加瓦、增光添彩"③。

以强国建设、民族复兴为主题的话语贯穿了新时代党的青年话语体系,主要体现在阐明中国梦的内涵及其同青年的关系、青年如何担当强国建设和民族复兴的历史使命等话语建构中。一方面,党的青年话语面向青年深入阐释了"强国建设、民族复兴"的内涵,比如实现"两个一百年"的奋斗目标、伟大复兴的中国梦及其具体表现等。"实现中华民族伟大复兴,是近代以来中国人民最伟大的梦想,我们称之为'中国梦',基本内涵是实现国家富强、民族振兴、人民幸福。"④同时,在此基础上向青年讲清楚"强国建设、民族复兴"与新时代青年的关系,包括从历史、现实、未来的发展阐述了中国梦是包括广大青年在内的每个中国人的梦,"青年的素质和本领直接影响着实现中国梦的进程"⑤。中华民族伟大复兴需要在一代代青年接力奋斗中实现。"历史和现实都告诉我们,青年一代有理想、有担当,国家就有前途,民族就有希望,实现中华民族伟大复兴就有源源不断的强大力量。"⑥另一方面,党的青年话语号召青年一起为实现"强国建设、民族复兴"努力奋斗。"当代中国少年儿童既是实现第一个百

---

① 习近平:《论党的青年工作》,北京:中央文献出版社2022年版,第14页。
② 习近平:《在十四届全国人大一次会议闭幕式上的讲话》,《人民日报》2023年3月14日。
③ 习近平:《在十四届全国人大一次会议闭幕式上的讲话》,《人民日报》2023年3月14日。
④ 习近平:《习近平著作选读》第1卷,北京:人民出版社2023年版,第107页。
⑤ 习近平:《论党的青年工作》,北京:中央文献出版社2022年版,第19页。
⑥ 习近平:《论党的青年工作》,北京:中央文献出版社2022年版,第51页。

年奋斗目标的经历者、见证者,更是实现第二个百年奋斗目标、建设社会主义现代化强国的生力军。"①习近平提醒青年要牢记"空谈误国、实干兴邦",勉励青年要树立远大理想、热爱伟大祖国、担当时代责任、勇于砥砺奋斗、练就过硬本领、锤炼品德修为②。这些话语形成了以"强国建设、民族复兴"为主题的话语集群,在一声声诸如"请党放心,强国有我"的青春誓言中凸显并增强了青年的主人翁意识。

(二) 以培养时代新人为根本任务

"新时代中国青年对先辈最好的告慰、对历史最大的负责,就是坚定走好新时代的长征路"③,努力成长为堪当民族复兴重任的时代新人。我们党把培养堪当民族复兴重任的时代新人作为宣传思想文化工作的重要目标和任务,既赋予青年高期待、高要求,也指明了时代新人的培养路径和方向,回答了新时代培养什么人、怎样培养人和为谁培养人的根本问题。

党的青年话语对新时代"培养什么人"作出明确回答。习近平总书记先后提出"有理想、有本领、有担当""立大志、明大德、成大才、担大任""有理想、敢担当、能吃苦、肯奋斗"等新时代青年的责任与使命。这是党的青年话语塑造新时代青年形象的重要体现,也蕴含着党对新时代青年的殷切期望。新时代党的青年话语坚持将培养时代新人作为根本任务,指明了时代新人"必须是在思想水平、政治觉悟、道德品质、文化素养、精神状态等方面同新时代要求相符合的"④,要坚定不移培养德智体美劳全面发展的社会主义事业建设者和接班人。

党的青年话语对新时代"怎样培养人"作出系统回答。"怎样培养人"是需要党和政府、共青团、学校、家庭、社会组织多方参与并用实践回应的问题。"新时代的青年工作要毫不动摇坚持党的领导"⑤,坚持党的领导是教育事业的根本保证,"共青团是党的助手和后备军"⑥,也是服务和联系青年的坚强堡垒。

---

① 习近平:《论党的青年工作》,北京:中央文献出版社2022年版,第228页。
② 习近平:《论党的青年工作》,北京:中央文献出版社2022年版,第209—212页。
③ 习近平:《论党的青年工作》,北京:中央文献出版社2022年版,第241页。
④ 习近平:《论党的青年工作》,北京:中央文献出版社2022年版,第166页。
⑤ 习近平:《论党的青年工作》,北京:中央文献出版社2022年版,第153页。
⑥ 习近平:《论党的青年工作》,北京:中央文献出版社2022年版,第155页。

青年工作在党的领导下强有力地开展离不开学校教育,学校是教育青年的主要阵地之一。同时,党的青年话语也注重鼓励青年人"自觉弘扬爱国主义、集体主义、社会主义思想,积极倡导社会公德、职业道德、家庭美德"①,提出要"把制度自信教育贯穿国民教育全过程,把制度自信的种子播撒进青少年心灵"②,也要特别关注发挥类似欧美同学会、科协等各级各类社会组织的教育功能。

党的青年话语对新时代"为谁培养人"作出有力回答。中国特色的教育事业要坚持社会主义航向,教育和团结青年坚定不移听党话、跟党走,而不是让青年成为国家发展的旁观者和漠视者、社会主义事业的掘墓人、马克思主义的反对派。2023年中共中央政治局第五次集体学习时,习近平总书记明确指出,"我们要建设的教育强国,是中国特色社会主义教育强国,必须以坚持党对教育事业的全面领导为根本保证,以立德树人为根本任务,以为党育人、为国育才为根本目标"③,强调"必须培养一代又一代拥护中国共产党领导和我国社会主义制度、立志为中国特色社会主义事业奋斗终身的有用人才"④。这是党的青年话语对"为谁培养人"的有力回应。

(三) 以尊重青年主体性为基本遵循

青年是中国共产党极为重视的群体,党始终"把巩固和扩大党执政的青年群众基础作为政治责任"⑤。新时代党的青年话语从青年成长与青年发展的战略角度出发,坚持植根青年实际,直面青年困境,充分反映并回应青年需求。

其一,紧扣青年特点。党的青年话语多次阐述新时代青年人的身心发展特点,强调"各级党委(党组)要倾注极大热忱研究青年成长规律和时代特点"⑥,对青年群体给予准确的定位,坚持用辩证唯物主义的视角分析青年身心特点,指出青年时期是人的生理和心理由不成熟转向成熟的重要阶段,此时的青年"最富有朝气、最富有梦想"⑦,有着强烈的好奇心和旺盛的求知欲,同时也看到这一阶段的青年心智不坚定,面对多样的社会思潮和真假难辨的信息冲

---

① 习近平:《论党的青年工作》,北京:中央文献出版社2022年版,第22页。
② 习近平:《习近平著作选读》第2卷,北京:人民出版社2023年版,第288页。
③ 习近平:《推动教育强国建设》,《求是》,2023年第18期。
④ 习近平:《论党的青年工作》,北京:中央文献出版社2022年版,第183页。
⑤ 习近平:《论党的青年工作》,北京:中央文献出版社2022年版,第28页。
⑥ 习近平:《论党的青年工作》,北京:中央文献出版社2022年版,第12页。
⑦ 习近平:《论党的青年工作》,北京:中央文献出版社2022年版,第17页。

击,很难做出正确的价值判断和价值选择。对此,党的青年话语做到了及时回应并引领青年树立正确的世界观、人生观、价值观。

其二,紧贴青年需求。党的青年话语坚持倾听青年呼声、回应青年发展物质保障和精神引领的诉求,坚持走进青年生活,走进青年内心,以青年需求为话语叙事的重心。习近平总书记多次强调"各级领导干部要关注青年愿望、帮助青年发展、支持青年创业,做青年朋友的知心人、青年工作的热心人、青年群众的引路人"①。党的青年话语及时回应青年在社会生活中遇到的困境并做出反馈,如强调要"帮助青年解决好他们在毕业求职、创新创业、社会融入、婚恋交友、老人赡养、子女教育等方面的操心事、烦心事,努力为青年创造良好发展条件"②。

其三,紧跟青年发展。党的青年话语从战略层面对青年全面发展做出了一系列安排与部署。党的十八大以来,以习近平同志为核心的党中央高屋建瓴,从民族复兴和培养时代新人的高度构建了党委领导,政府、群团、学校、家庭协同施策的工作格局,制定并印发了《中长期青年发展规划(2016—2025年)》《新时代的中国青年》等谋划青年发展、展示青年担当的相关文件,指明新时代中国青年运动方向。由此形成的青年话语系统建构了青年同党和国家的关系,明确定位了青年的角色,鼓励青年在融入民族伟大复兴的奋进新征程中发展自我,并在不断的发展中发出时代强音。

二、新时代中国共产党青年话语的实践样态

话语来源于实践,也能推进实践,新时代党的青年话语具有深厚的历史渊源和广泛的现实基础。既面临百年未有之大变局和中华民族伟大复兴战略全局相互交织的复杂形势,也回应青年在实际发展中遇到的新问题和出现的新规律。面对纵横交错的话语场域,新时代党的青年话语在实践中不断探索出新的话语样态以满足国家发展、社会发展和青年发展的综合性需求,并及时跟进急速变化的时代发展进程。党的青年话语同新时代中国特色社会主义伟大实践同向而行,在话语实践中形成了共同参与的话语主体样态,呈现出系统完

---

① 习近平:《论党的青年工作》,北京:中央文献出版社2022年版,第154页。
② 习近平:《论党的青年工作》,北京:中央文献出版社2022年版,第215页。

整的话语内容样态,凸显了生动形象的话语表达样态以及突出了智媒赋能的话语传播样态。

(一)形成了共同参与的话语主体样态

在指导和推进新时代青年工作理论与实践创新中,中国共产党深刻把握青年发展的实际情况,广泛听取社会各界对青年的期待和要求,将党和国家的期望同青年发展紧密结合,造就了新时代党的青年话语原创者、阐释者、传播者和接受者多方共同参与的话语主体样态。

党的青年话语是中国共产党关于青年及青年工作思想的话语凝练,中国共产党是话语的主要原创者,在其领导下的广大专家学者、新闻出版与舆论工作者、文艺工作者等发挥着理论阐释、话语宣传、观念传播、价值引导的作用。与此同时,党的青年话语来源于社会各界对青年的期望与要求,也离不开社会各界对话语传播做出的巨大贡献。做好新时代青年工作要多管齐下,既要坚持党的领导,也要注重群团组织的力量,从家庭到社会,从校内到校外,都要深刻认识到青年发展的重要性。此外,青年群体作为话语的主要接受者,也在多主体互动的话语场域中身体力行传播党的青年话语、开展宣传工作、走向社会实践。一批批优秀青年、有志青年通过理论宣讲、支教和志愿服务等传播和践行党的思想理念、大政方针、青年教育及青年工作思想,如"西部计划"志愿者、华中农业大学"本禹志愿服务队"、中国农业大学科技小院的学生等,他们不仅通过亲身实践夯实了自身的理论基础,也为党的青年话语在祖国大地的传播和宣传做出了重要贡献。整体上看,党的青年话语在实践中走向青年,在不断发展和传播过程中形成了话语的原创者、阐释者、传播者和接受者共同参与的主体样态。

(二)呈现出系统完整的话语内容样态

新时代中国共产党青年话语论述深刻,内涵丰富,对象广泛且重点突出,集中表现为习近平新时代中国特色社会主义思想的青年化阐释,包括其中所蕴含丰富的思想观念、核心价值、道德规范、历史文化、中国精神、"四个自信"等青年思想政治教育内容,具有很强的政治性、思想性、学理性、生活性,呈现出以政治性话语为核心、学理性话语为中介和纽带、生活性话语为基础的内容样态。这三种话语内容样态相辅相成、相互作用,体现了知识的系统性、理论的科学性、逻辑的完整性。

政治性话语是由言说者发起的体现政治意图,具有浓厚的价值观念和明确的价值导向,旨在影响言说对象政治素质与行为的一种话语[1]。党的青年话语中的政治性话语主要体现在党代会报告、党中央各项政策、文件、规划、条例、白皮书中,具有系统性、全面性、客观性等特点。政治性话语有着强烈的政治要求和价值导向,重在引导广大青年"弄清楚中国共产党为什么'能'、马克思主义为什么'行'、中国特色社会主义为什么'好'等基本道理,坚定不移听党话、跟党走,自觉做中国特色社会主义的坚定信仰者、忠实实践者"[2]。由于政治性话语具有高度的概括性和严谨性,要使政治性话语潜移默化地融入青年群体之中,就需要用学理性话语进一步阐释和分析。"理论一经掌握群众,也会变成物质力量。理论只要说服人,就能掌握群众;而理论只要彻底,就能说服人。所谓彻底,就是抓住事物的根本。"[3]学理性话语是对政治性话语的科学阐释和分析,是政治性话语通俗化大众化的重要体现,具有科学性、理论性、说理性等特点,在政治性话语和生活性话语之间发挥着中介作用[4]。新时代党的青年话语强调用学术讲政治,通过学校课堂、大思政课、社会实践等把道理讲深讲活,用透彻的学理分析教会青年明道理悟哲理,使其真正做到入脑、入心。生活性话语是对政治性话语和学理性话语的补充,是对青年社会生活种种现象的关注,也是党的青年话语回应青年发展实际的体现。生活性话语体现在关照青年在社会生活中的现实问题,回应青年人的身心需求、发展期待。如叮嘱青年要重视身体健康,"积极投身体育锻炼,既把学习搞得好好的,又把身体搞得棒棒的"[5],呵护好自己的眼睛,不要熬夜等。

(三)凸显出生动形象的话语表达样态

新时代党的青年话语蕴含着党对青年的关怀与期望等内容,这些内容只有为社会和青年所广泛认可时,话语才真正产生效果。以何种方式传递党的

---

[1] 侯丽羽、张耀灿:《论思想政治教育话语的三种基本形态》,《马克思主义研究》2018年第12期。
[2] 习近平:《学好"四史",永葆初心、永担使命》,《求是》2021年第11期。
[3] 《马克思恩格斯选集》第1卷,北京:人民出版社1995年版,第9页。
[4] 侯丽羽、张耀灿:《论思想政治教育话语的三种基本形态》,《马克思主义研究》2018年第12期。
[5] 习近平:《论党的青年工作》,北京:中央文献出版社2022年版,第96页。

关怀与期望,让青年内心上认可,行动上自觉,需要有良好的话语表达艺术。在遵循意识形态话语表达普遍性与青年表达个性化相结合的基础上,党的青年话语呈现出多种表达样态。

新时代党的青年话语表达鲜活灵动,主要表现为正反式表达相结合、长辈朋辈式表达相融合、多种修辞式表达相组合等方面。正反式表达彰显了青年话语所具有的强烈意识形态性,包括批判性、辩护性、建设性等特点,旨在激发青年人敢争敢斗、敢想敢干的勇气和信心。比如,习近平总书记将青年视为"实现中华民族伟大复兴的先锋力量"[1]、国家发展的"主力军""生力军""先锋队""突击队",强调共青团"联系和服务青年的坚强堡垒"作用等。长辈朋辈式表达相融合体现在党的青年话语在面向青年开展工作时,有时表现为长辈的谆谆教诲,有时又如同同辈一般贴心,称呼贴切,善于鼓励,表达自信。长辈式的谆谆教诲如"希望"等,善用鼓励的话语有助于与青年实现心灵上的互动,如习近平对各行各业青年的成就与努力表示赞许和认可时,使用"太棒了""点赞"等词汇,使青年倍感亲切又备受鼓舞。朋辈式的贴切的称呼可以拉近沟通的距离,如用"亲爱的""青年朋友们""同学们"等,既贴近青年也凸显了对青年的尊重。修辞式表达主要反映了中国共产党青年话语经常使用比喻、隐喻、互文、引用等修辞手法修饰、调整语句以提高话语表达作用,如引用"盖有非常之功,必待非常之人"表达对人才的重视;用"哈萨克斯坦人民常讲'有知识,世界一片光明;没知识,眼前一片混沌'"[2],意在告诉青年知识具有强大的力量;将青年比喻为"标志时代的最灵敏的晴雨表"[3]等。

(四)突出了智媒赋能话语的传播样态

话语是交流与传播观点的媒介,党的青年话语传播形式多样,紧跟大数据时代智媒发展的趋势,充分发挥了话语的媒介作用和智媒的再造作用,话语的传播效度得到大幅度的提升。首先,党的青年话语体现了传统媒体和新兴媒体逐渐融合的传播样态,在利用新兴媒体的同时注重用好传统的话语传播媒介。习近平总书记经常用书信方式表达对青年的鼓励和赞许,也常以在外媒发表署名文

---

[1] 习近平:《论党的青年工作》,北京:中央文献出版社2022年版,第208页。
[2] 《习近平外交演讲集》第1卷,北京:中央文献出版社2022年版,第57页。
[3] 习近平:《论党的青年工作》,北京:中央文献出版社2022年版,第70页。

章等方式传播中国声音、讲述中外友好交往的故事。党的青年话语也常以文本和座谈会的形式传播"青年是国家发展的重要力量"等内容,注重用记者会、白皮书、微信公众号、青年大学习、自媒体等多样传播手段。其次,在数字化、网络化、智能化的大数据时代,党的青年话语注重融合新兴媒体拓宽话语传播的广度,如利用自媒体和网红博主的话语再创造作用加快话语传播速度。习近平总书记尤为关注互联网时代给话语传播带来的新变化,"新闻客户端和各类社交媒体成为很多干部群众特别是年轻人的第一信息源"①,掌握网络阵地是把牢话语权的关键。最后,充分发挥智媒在话语传播中的话语再创造作用。党的青年话语在传播中往往依据智能媒体特点进行话语的再造和重塑,智能媒体传播往往贴合用户需求,产出优质内容,呈现用词诙谐、通俗等易于传播的形态,有助于党的青年话语更好更快地传播。比如,"今天你青年大学习了吗""为热干面加油"等。智媒传播注重引起话语接受者的情感认同和价值认同,用通俗的话语引起青年的共鸣,鼓舞他们勇于奉献、敢于奋斗。

三、新时代中国共产党青年话语的发展路径

新时代党的青年话语具有深厚的文化底蕴,融合了时代背景、理论创新和党的治国理政实践,并非因循守旧的空谈。智媒覆盖的时代、全媒融合的社会,话语传播时速呈现指数级增长,各种话语群纵横交错,形成了纷繁复杂的话语场域。新时代党的青年话语只有牢牢抓住意识形态领域的话语主动权,才能最大限度团结和凝聚青年,形成领导青年工作、引领青年思想、推动青年实践的最大合力。面向新征程,党的青年话语不能故步自封、止步不前,其坚持以守正创新为基本遵循,持续通过构建政治认同、传承优秀文化、回应现实问题,着力筑牢话语根基、融通话语表达、优化话语传播机制,是进一步增强话语传播力与影响力的主要发展路径。

(一)筑牢话语根基:引导青年增进话语的政治认同

话语是一定政治立场的体现,新时代党的青年话语始终紧扣牢牢掌握意识形态话语权这一政治要求,进而增进青年对中国共产党和中国特色社会主

---

① 《习近平谈治国理政》第3卷,北京:外文出版社2020年版,第316页。

义的政治认同。在百年未有之大变局与中华民族伟大复兴战略全局交织的时代背景下,面对话语场域呈现出的多变、共变、异变等复杂性,党的青年话语应聚焦政治认同,在筑牢话语的理论根基、历史根基和现实根基中确保话语有信度、有力度、有效度。

筑牢话语的理论根基是引导青年增进政治认同的基础。其一,要筑牢话语的马克思主义理论根基。在不断发展的话语实践中深入研究马克思主义话语的基础理论与分析方法,同时遵循语言的基本原理、语法规则,把握话语在不同社会环境中的使用方式、隐含规则和变化趋势等,使党的青年话语在实践中既符合相应的语法和逻辑准则,又体现明确的思想立场和价值导向。其二,要深入学习和研究党的创新理论。话语背后承载特定的意识形态,若话语的宣传阐释等再生产者都不了解生产内容本身的意识形态导向,就难以达到宣传教育的效果。话语的宣传阐释者或再生产者只有更加深入地自觉学习党的创新理论,深刻把握习近平新时代中国特色社会主义思想的核心要义,及时关注理论前沿与重大课题,才能更好把握话语的发展方向,进而引导青年增强对党的路线、方针、政策的认同,帮助青年树立正确的国家观、历史观、民族观、文化观。其三,要重视做好党的创新理论的青年化阐释。坚持用深刻的理论和彻底的说理指引青年,引导青年求索自身,自觉抵制拜金主义、享乐主义、极端个人主义和历史虚无主义等社会思潮的入侵。面对各种不良社会思潮充斥的话语场域,党的青年话语在将党的创新理论进行青年化阐释时,要做到逻辑自洽,坚持用好学术、讲好政治,注重理论阐释的整体性、全面性、科学性、深入性,才能使青年正确认识、理解党的创新理论,切实凝聚青年,让青年真正认同中国共产党、认同中国式现代化,并自觉投身中国特色社会主义的伟大实践。

筑牢话语的历史根基是引导青年增进政治认同的自信源泉。新时代党的青年话语有着深厚的历史滋养,既有"百万年的人类史、一万年的文化史、五千多年的文明史"①的深入浸润,也有"党史、新中国史、改革开放史、社会主义发展史、中华民族发展史"②的深厚支撑。中国共产党始终关注青年工作,善于用话语引导、凝聚和激励青年。党不仅关注青年的思想动态,而且通过贴近青年的语言和行动,以充满智慧和感召力的话语引导、团结和鼓舞青年,使青年成

---

① 习近平:《在文化传承发展座谈会上的讲话》,《求是》2023年第17期。
② 《习近平著作选读》第1卷,北京:人民出版社2023年版,第13页。

为推动社会进步的积极力量。回溯历史,党的青年话语让青年人感受到了思想的力量,从而自觉地参与社会政治生活。1910年陈独秀等人创办《新青年》杂志,并以北京大学为阵地传播新思想,推动了以五四运动为主的青年运动兴起,越来越多的青年人看到了自身力量,一大批青年人站上历史舞台并扮演着日益重要的角色。新时代党的青年话语创新依旧需要走进历史深处,注重从百年的党史中汲取力量,用蕴含着革命传统和时代精神的话语教育和引导青年,从五千多年文明史、五百多年世界社会主义史等多重历史的话语叙事中引导青年增进对党和国家的认同[①],自觉自信地维护大党大国形象。

筑牢话语的现实根基是引导青年增进政治认同的现实需要。党的青年话语立足国情,面向现实问题,坚持理论与实践相结合,有力引导青年更好地融入社会政治生活。面对复杂的社会环境,党的青年话语能够站稳自身脚跟,得益于筑牢意识形态话语权的围墙,抵御并回击污蔑性的西式话语和泛西方化思潮,在青年工作中有力破除青年头脑中普世价值式的西方话语思维和崇尚个人主义的倾向。新时代党的青年话语的发展依旧需要结合新时代中国特色社会主义的伟大实践,坚持深刻的问题意识和鲜明的目标导向,既要高度关切并回答好青年日常生活中遇到的各种思想问题、生活问题、工作问题,也要面向青年解答好中国之问、世界之问、人民之问、时代之问。

(二)融通话语表达:面向青年讲好中国故事

新时代青年是兼具家国情怀与天下关怀的一代,他们与国家发展的战略目标同向前行,有着较为一致的成长步伐。新时代党的青年话语要能够被青年所认可、理解与内化,既要引领青年树立远大的理想抱负,也要努力做好话语表达方式的有效融通,在坚持政治导向的基础上用青年人喜闻乐见的方式讲好中国故事。

坚持知识性话语与价值性话语相结合。知识性话语旨在描述与解释客观事实和科学理论,讲求历史规律,具有客观性、权威性和科学性。青年群体具有旺盛的好奇心和求知欲,学习能力强,知识性话语可以为青年提供系统准确的理论指导和思想指引,培养青年独立思考、理性判断的能力。新时代党的青

[①] 王培洲:《新时代复兴话语的内涵意蕴与实践逻辑》,《马克思主义研究》2022年第10期。

年话语表达注重传递科学全面的知识内容,如涉及时事政治、科学技术、哲学文艺、国情党史等青年所关心的内容,这有助于提升青年的综合素养、培养青年的理性思维。价值性话语带有特定的价值导向、思想观念或道德标准,具有感染力、启发力和号召力。青年是国家的未来,价值观的塑造对其发展至关重要。新时代党的青年话语注重社会主义核心价值观在青年群体中的培育,以社会主义核心价值观引导青年树立正确的世界观、人生观和价值观[①]。知识性话语与价值性话语相互作用,融合科学知识和正确价值观念的话语表达,可以让青年群体更好地认识自我、认识我国的国情和国际社会的发展状况,从而为面向青年讲好中国故事提供理论支撑和价值基础。

坚持建设性话语与批判性话语相兼顾。建设性话语体现了积极、正向的一面,既有对青年发展未来的殷切期望,也包括对党百余年历史经验和重大成就的总结。新时代党的青年话语在表达中注重传递正能量和正向的信息,重点讲好在国际局势动荡的今天我们依旧攻坚克难取得了一系列发展和成就,鼓励青年向真、向善、向上发展,激励青年积极面对问题,增强青年的自信心。批判性话语揭示了辩证思维和矛盾分析的重要性。党的青年话语肩负着维护国家安全和利益的责任。在面对可能损害党和国家形象、国家安全和公共利益的言论时,党的青年话语做到了敢于批判错误言论,教育引导青年明辨是非,敢于直面不当言论,勇于指出其错误和潜在风险,更好地揭示问题本质、激发青年斗志、培养青年斗争精神。坚持建设性话语与批判性话语相兼顾,既能凸显积极进取的价值取向,又能保持思维的敏锐与独立,使党的青年话语表达更具包容性,这不仅有利于传播党和国家的声音,还有助于引导社会舆论、激发青年创造性和进取心。

坚持主导性话语与主体性话语相联通。主导性话语以核心价值观和社会主义意识形态为主要内容,传播党和政府的政策主张,引领社会思潮,维护社会稳定;主体性话语以青年自身为出发点,是青年独立思考和创造性的话语表达。主导性话语偏重单向输出和有目的宣传,其内容政治色彩倾向明显,往往具有较强的说教特点。主体性话语以青年自身为中心,强调发挥青年的主观能动性。坚持主导性话语与主体性话语相联通,可以促进党的话语与青年自

---

① 杨巧:《从网络流行语看青年思想政治教育话语创新》,《重庆邮电大学学报(社会科学版)》2018年第4期。

身话语在表达方面的双向流通,有助于提高青年在话语中的互动性。既能将党的主张和政策传达给广大青年,引导其树立正确的政治意识,又能让青年真实地表达自己的想法和观点,让党更加贴近青年。这种相互关联的话语表达方式,有利于促进党和青年的思想沟通、增强青年对党和国家的了解和认同,使青年为建设社会主义现代化国家贡献青春力量。

(三) 优化传播机制:构筑良性青年话语场域

话语效力的发挥,传播起着关键作用。构筑青年话语场域,推动话语传播,对引导青年舆论、塑造青年思想至关重要。构建一个多元、开放、包容的良性青年话语场域,离不开对话语传播机制的优化,这需要在不同维度中寻找平衡,充分发挥各种传播形式的优势并实现有机结合。在话语传播机制中,涉及官方—民间话语、社会—青年自身话语以及传统—现代话语三种维度。新时代党的青年话语的未来发展,依旧需要综合考虑不同维度的传播要素,继续深化和拓展话语传播的广度和深度。

坚持官方媒体与民间媒体相结合。官方媒体如《人民日报》《光明日报》等,在话语传播和宣传中具有较高的信服力和影响力,能够精准、全面地总结和传达党和国家的大政方针、政策主张,同时在一定程度上监督和约束政府及其工作人员的行为,对推动社会舆论有重要影响。通过官方媒体宣传正面新闻和正能量信息的方式,可以建立良性的话语舆论循环,有利于向广大青年传达正确的价值导向和人生态度。一些微信公众号、短视频平台等自媒体或民间媒体则更贴近普通青年群体,能够反映更真实、更多元、更生活化的声音,吸引年轻人的关注和参与,有利于党的青年话语的畅通表达和多样性传播。官方媒体与民间媒体相结合,可以互补优势,实现信息的多元化和立体化传播。官方媒体可以通过正式的报道和宣传,向青年传达党和政府的方针政策,增加青年对党和政府的了解,而民间媒体则可以反映青年的声音和诉求,反馈社会出现的相关问题和挑战,从而形成一个开放、包容、多声音的传播平台,促进话语的广泛传播和交流,使青年的声音更好地被听到被回应。与此同时,也要警惕一些消极负面的民间媒体带来的不利影响,通过恰当的方式给予清除。

坚持社会媒介传播与青年自身传播相结合。社会媒介传播是党的青年话语的重要传播形式,青年既生活在一定的社会结构中,又是推动社会发展的重要力量。通过社会媒介传播,青年可以参与到社会各领域的话语表达中,使青年的想法和观点进入大众视野,实现个人声音的社会化传播,推动社会发展和变革。青年自身传播可以在青年群体内部形成更有活力的话语场域,促进社会话语的青年化和年轻化,也有助于实现青年话语的社会化。新时代党的青年话语既要加强话语"走进青年"的传播深度、"走出中国"的传播力度,也要增强话语的即时性和互动性,使青年由被动接收者转变为积极传播者,实现平等"对话式"双向交流,进一步达成话语共建共享①。坚持社会媒介传播与青年自身传播相结合,不仅使党的执政理念和政策方针能够广泛传播,也能够为青年群体提供更多发声和表达的渠道,有利于构建党与青年双向互动与交流的话语场域。

坚持传统媒体和现代媒体相结合。随着大数据时代的到来,现代媒体和传统媒体更迭,新时代中国共产党青年话语要借"互联网+"的东风,科学把握大数据话语更新周期②,才能牢牢抓住青年思想政治教育领域的话语主动权,守好互联网这一关键阵地。坚持传统媒体与现代媒体之间的结合与互动,可以使话语传播更加全面和多样化。传统媒介的传播规模和影响力在话语传播中依旧具有相对优势,能够传达更为正式和深入的政策信息。现代媒体则更富有创新和个性化,贴近青年日常生活,能够更好地吸引青年群体的关注。利用新媒体平台,如微博、抖音、小红书等,可以更好地了解青年群体的生活方式和传播习惯,提升话语传播的互动性和参与度。坚持传统媒体和现代媒体相结合可以更好地"克服自弹自唱、自娱自乐、隔空喊话、封闭运行的倾向"③,实现中国共产党青年话语的多元化、立体化传播。

【执行编辑:李梅敬】

---

① 黄兴忠:《当下青年话语失序与重构探析》,《北京青年研究》2018年第3期。
② 李霏:《"互联网+"视阈下青年思想政治教育话语转型的发展路向》,《安徽工业大学学报(社会科学版)》2017年第6期。
③ 《习近平著作选读》第1卷,北京:人民出版社2023年版,第366页。

思想政治教育话语的基础理论

文明交流互鉴视域下马克思主义语言交往思想的时代价值*

马　忠　吴　静

摘　要：随着世界历史的不断发展与演变，不同区域、民族和国家之间的文明相互交流交融交锋，人类文明在进步的同时也面临着一系列新问题。语言作为承载文明的工具和建构性因素，从人类文化的历史实践中产生，以多元化的个人、群体之间的语言交往方式产生反作用，影响人类从文化到文明、交往到普遍交往、历史到世界历史的形成与发展。因此，探析马克思主义语言交往思想，有助于破解全球范围的文明隔阂、冲突、霸权等问题，促进文明交流、互鉴、共存，推动人类命运共同体的构建和文明的进步。

关键词：马克思；恩格斯；语言交往；文明交流互鉴

当前，世界多极化、经济全球化、文化多样化、社会信息化深入发展，文明交流互鉴越来越成为推动人类文明进步和世界和平发展的重要动力。然而，在百年未有之大变局下，不同文明之间又存在冲突、矛盾，如西方文明话语霸权和媒介帝国主义带来其他文明被贬低、边缘化的不平衡、不对称问题。党的十八大以来，习近平总书记多次从文明是"多彩的、平等的、包容的"三个方面强调文明交流互鉴的重要原则。因此，如何把握大势，运用马克思主义语言交往思想，为文明交流互鉴提供了科学依据，具有重要意义。

作者简介：马忠，西安交通大学马克思主义学院教授、博士生导师，新闻与新媒体学院党委书记；吴静，西安交通大学马克思主义学院博士研究生。

* 本文系教育部思想政治理论课教师研究专项重大项目"研究生思政课建设存在的问题及对策研究"（22JDSZKZ11）、国家社科基金专项"全媒体时代马克思主义意识形态话语传播力研究"（项目编号：2022LJRC01）的阶段性成果。

一、文明交流互鉴与语言交往的关系

文明因交流而多彩,因互鉴而丰富。文明交流互鉴离不开语言,因为语言不仅是交往的工具,还是文明的载体。语言交往就是以话语方式进行交往,发挥语言的表达、传递、沟通功能,以达到不同文明主体之间的理解、认可、协调的活动,由此可见语言交往对文明交流互鉴的重要价值。马克思主义世界历史理论通过对世界历史形成规律的分析,展示了语言交往的生成、演化与文明交流互鉴之间的必然联系,为理解两者关系提供了科学的理论分析。

(一) 世界历史的形成

世界历史是指各种文明相互依存、相互影响下统一发展的世界文明历史。马克思在《德意志意识形态》中通过分析资本主义生产方式、交往的本质和特征,发现世界文明历史的形成与之密切相关,由此展开论述形成了关于世界历史的形成、发展规律的学说。由于语言交往是交往的一部分,所以了解世界历史能够为理解语言交往和文明交流互鉴的关系,提供深刻的历史背景和逻辑前提。

交往是人类社会的存在方式,更是人类生存的现实境遇。人在任何时代都必须通过交往才能通达社会,对交往时空的突破直接促使世界历史的形成。马克思认为,"各民族的原始封闭状态由于日益完善的生产方式、交往以及因交往而自然形成的不同民族之间的分工消灭得越是彻底,历史也就越是成为世界历史"①。从中可以看到双层逻辑,表层逻辑即民族封闭状态消失得越彻底,世界历史越彻底的实现;深层逻辑即生产方式、交往是世界历史形成的根本原因。结合这双重逻辑,马克思由表及里剖析生产方式和交往的特征,发现当时在世界占据主导地位的是资产阶级及其生产方式和交往形式,他们不仅率先发起了世界市场,更是"开创了世界历史"②的主力军。

然而,资本主义生产方式下的世界历史却是充满了暴力与征服的历史。首先,它使得原本更多受到自然力量支配的自给自足式"小国寡民"状态,转变

---

① 《马克思恩格斯选集》第1卷,北京:人民出版社2012年版,第168页。
② 《马克思恩格斯选集》第1卷,北京:人民出版社2012年版,第194页。

为"每个文明国家以及这些国家中的每一个人的需要的满足都依赖于整个世界"①;其次,依赖于整个世界的民族交往和文明的发展,都不可避免地受到"世界市场的力量的支配"②。再次,资本主义生产的社会化使生产资料、劳动力的需求增加,导致资产阶级国家加强对其他国家的侵占、吞并、掠夺,进而获取在世界交往中市场规则、政治秩序上的优先地位,以致于文明关系也形成"东方从属于西方"③的世界格局;最后,由于资本主义生产方式和文明发展的模式,不仅造成自身"生产资料太多,工业和商业太发达"④,还造成了交往的过度竞争和对其他文明消解的问题。

因此,尽管资本主义推动了世界历史的形成,但其中的交往和文明问题却体现了资本文明的霸权实质以及自我否定式的历史命运。资产阶级亲手锻造了毁灭自身的力量,即处于这一系列不平衡、不平等关系中的无产阶级。随着阶级意识的觉醒,他们被迫联合起来,为了获取自身平等、自由的交往和文明的可持续发展,最终成为资产阶级的掘墓人。作为掘墓人的无产阶级并不是为了单纯的否定资产阶级,而是为了超越霸权实质的资本文明及其历史命运,形成一种真正自由、平等、普遍交往、共同占有与享有文明成果、共同生存、共同创造发展的共产主义文明。也就是马克思所说的,以"每个人的自由发展是一切人的自由发展的条件"⑤为基础形成的自由人联合体交往方式下的文明。

所以,从马克思对世界历史的形成分析,再结合当前人类文明发展的全球化境遇,即一种"肇始于经济领域的、各国家、民族的经济、政治、文化之间相互依赖、相互影响、相互制约,在互动中运行的过程和趋势"⑥。可以发现,世界历史的形成是一种客观的历史规律,顺应世界历史规律就要积极展开世界交往,通过自由、平等的世界交往促进有机的文明交流互鉴和融合发展的世界文明历史。只有这样,才能走出一条不同于自我扩张和自我否定式的资本文明发展道路。

---

① 《马克思恩格斯选集》第1卷,北京:人民出版社2012年版,第194页。
② 《马克思恩格斯选集》第1卷,北京:人民出版社2012年版,第169页。
③ 《马克思恩格斯选集》第1卷,北京:人民出版社2012年版,第405页。
④ 《马克思恩格斯选集》第1卷,北京:人民出版社2012年版,第406页。
⑤ 《马克思恩格斯选集》第1卷,北京:人民出版社2012年版,第422页。
⑥ 王晓红:《晚年马克思交往思想及其当代价值》,《教学与研究》2019年第12期。

(二) 文明交流互鉴的提出

文明交流互鉴是世界历史和全球化交往的背景下文明发展的必然选择。当历史推动着文明发展的问题在时代涌现,我们回首和借鉴历史会发现:绝大部分文明因闭关自守、缺乏交流而失去了被记载、传播的机遇,或失去了被创新、发展的机会,最后成为人类文明史册的残章。还有小部分文明因为阶级、经济、政治、宗教等对抗性冲突中断或彻底地消失了。因此,文明交流互鉴内在的深意,就是在文明发展的问题上,既要以交流消除隔阂,又要以互鉴克服冲突、寻求共识,从而达到文明的共存、共享、共生。

2014年3月27日,习近平在巴黎联合国教科文组织总部发表重要演讲,首次提出"文明交流互鉴"①的系列命题。这既是对马克思主义世界历史规律的遵循,也是中国共产党人在历史和时代的交汇点充分发挥主动精神的体现。纵观人类文明,从早期到现代,文明的发展与多样化总是相伴而生。早期人类多依赖于自然生态,自然生态的多样性决定了人类思维、行为和生存方式的差异化;随后在人类对自然生态的改造过程中,本身业已存在的差异被社会化分工不断加深和巩固,并呈现为经济、制度、文化、信仰、语言等各方面的差异。由此带来的是,人类文明多样化形成的过程既有冲突、矛盾、疑惑、拒绝,也有学习、消化、融合、创新。面对这一趋势,我国主动将文明交流互鉴作为自觉选择,回答了人类文明何去何从的时代之问。

文明交流互鉴的提出,更是基于我国大量中外文明交流互鉴历史事实的底气。中华文明史上就有张骞出使西域、玄奘西行求法、郑和下西洋等交往活动,交往内容涉及哲学、文学、艺术、医学、建筑、动植物等领域。对外交往的物件有丝绸、茶叶、瓷器和四大发明;对内则有汗血宝马、香料、倭刀、钟表等。中外交往还产生了思想融合,如我国历史上儒释道"三教合一";交往遗迹如"古丝绸之路";文化运动如"新文化运动"等。所有这些,无不为文明交流互鉴积累了丰富的实践经验和理论积淀。

文明交流互鉴的提出,还是基于当前世界交往和文明交流问题的现实需求。随着历史不断向世界历史的转变,世界历史和全球化已成为当今任何一个民族、国家存在和发展的时代境遇,交往内容从经济、政治延伸至文化、语言

---

① 习近平:《在联合国教科文组织总部的演讲》,《人民日报》2014年3月28日。

等领域。同时由于数字化与多媒体时代突破了时空限制,交往深度不断增加,不同文明主体的经济、政治博弈不可避免转变为以全球话语霸权和媒介帝国主义为形式的文化冲突。如西方资本主义利用经济、技术、制度和话语优势进行意识形态渗透和价值同化,通过国际媒介肆意诽谤和诋毁他国文化,形成了一股"逆全球化"的趋势,严重阻碍了文明发展。文明交流互鉴的提出,正是对这一时代问题的有效回应和对文明进步历史规律的主动顺应。

(三)语言交往与文明交流互鉴统一于世界历史

与物质交往和精神交往相关联,语言交往是交往实践的方式之一,最终促进世界文明历史的形成。作为交往实践的具体方式,语言交往将主体间的同意和理解作为诉求,从而达到协调行为、改变交往关系的现实目的,主要侧重于思想、情感、文化、价值、信息、意义的共享、传递、交流,并反过来促进物质和精神交往,继而拓展交往的深度和广度。在这一过程中,由于历史向世界历史的转变,即由地域性交往转向世界性交往,导致孤立文明史走向相互影响、相互联系下的世界文明史。

换言之,语言交往促进文明交流互鉴的展开,体现出对世界性交往的重要作用。作为人类既定的优秀成果总和,文明包含物质、政治、精神、社会、生态等内容,并依据地域、时间、文化、宗教、民族、主导要素和历史形态等标准划分为不同类型,无一不经过交往实践得以产生、发展。纵观人类历史,凡能经受历史考验的文明,一定是随着生产交往实践进行了必要的交流互鉴,其中语言交往起到了重要的文明表征和建构性作用,主要是突破单纯的指向性陈述功能,在主体交互中"以言行事"从而产生语旨力,影响到整体的交往和生产乃至文明的存亡。

总结世界历史规律可以发现,文明交流是不可逆转的客观趋势。拒绝交流、选择霸权的民族和国家面临着文明危机,只有主动交流、积极借鉴的民族和国家才能谱写共生、共存的世界文明历史。因为积极合理的语言交往有利于文明交流互鉴的展开,消极无理的语言霸权不仅不利于文明交流互鉴的展开,还会强化文明隔阂、文明冲突。总之,世界历史一旦形成,各地域、民族之间相互交往、文明交流愈演愈烈,深化对语言交往规律的认识,有助于通过语言交往实践促进文明交流互鉴。

二、马克思主义语言交往的基本思想

关于语言交往思想,虽然马克思、恩格斯没有专门的著作论述,但回归经典文本,通过经典作家关于交往、语言的论述,从资本主义异化的批判中,可以发现语言交往的文明方向,为解决文明隔阂、冲突、霸权等问题提供思想坐标。

(一)语言交往的展开

语言交往的展开是理解马克思主义语言交往基本思想的首要问题。一方面,交往"包括个人、社会团体、许多国家的物质交往和精神交往"[①];另一方面,语言是语言交往的关键因素,直接影响其展开的状态和特征,由此导致语言交往的展开。主要观点体现在以下方面:

首先,语言交往展开的可能性。马克思、恩格斯认为语言"从劳动中并和劳动一起"[②],"由于和他人交往的迫切需要才产生的"[③];"作为社会的产品给予我的"[④],是为他人与自我而存在的、现实的意识。即是说,语言是劳动和交往双重作用的产物,是意识实现的方式,确认着自我与他者、主体和客体之间的联系,不仅赋予语言交往展开的可能性,还赋予其社会性特征。

其次,语言交往展开的现实性。这是指物质交往和精神交往的分离,使语言交往具有了现实性。生产以"交往为前提"[⑤],又决定交往形式,物质生产作为人类的第一个历史活动,决定了物质交往的基础性地位,所以"精神交往"[⑥]最初与物质交往"纠缠"在一起。随着生产和分工的发展,精神交往的开始独立,人类意识不断成熟,由此催生了更深层次的语言交往,使文明交往真正具有现实意义。

最后,语言交往展开的差异性。马克思、恩格斯还列举大量事实,说明语言在表达内容和风格上表现出差异性,体现了特定社会历史条件下的矛

---

① 《马克思恩格斯选集》第1卷,北京:人民出版社2012年版,第888页。
② 《马克思恩格斯全集》第26卷,北京:人民出版社2014年版,第762页。
③ 《马克思恩格斯选集》第1卷,北京:人民出版社2012年版,第161页。
④ 《马克思恩格斯全集》第3卷,北京:人民出版社2002年版,第301页。
⑤ 《马克思恩格斯全集》第1卷,北京:人民出版社2002年版,第147页。
⑥ 《马克思恩格斯文集》第1卷,北京:人民出版社2009年版,第524—525页。

盾与张力,其根源在于社会物质生产和精神生产的发展不平衡。如"公文语言"①是特定政治诉求的反映;书面表达中的"倾向"②反映了阶级意识和社会背景的影响;民族语言的"嫁接"③"消失"④则揭示了政治统治和民族文化的深刻作用。

(二)语言交往的功能

语言交往虽然依托于物质交往和精神交往,通过肢体动作、口头语言和书面文字来表达和传递知识、情感与意志,但并非机械刻板的复制,而是通过自身的持续展开即文化实践对物质交往和精神交往产生反作用,进一步推动人类文明和世界历史的发展。把握这一规律,有助于我们正确理解和发挥语言交往的功能,增强对"异化语言"⑤的辨识度,避免语言交往的"异化"和"暴力"以及由此带来的消极影响。理解语言交往的功能,要把握以下几点:

第一,语言交往功能的发挥方式。这要从语言与劳动的关系、语言对意识的作用等层面进行分析。首先,语言的产生与劳动密切相关,两者共同构成了人类社会发展"主要的推动力"⑥,从而形成了语言、劳动与意识之间的辩证关系。然而,在社会分化的背景下,语言交往的功能也受到统治阶级的控制和塑造,正如马克思指出:"统治阶级的思想在每一个时代都是占统治地位的思想"⑦,统治阶级通过职业的意识形态家之口将本阶级的思想描述为某种具有普遍性的思想,维系了现有社会结构与权力关系。

第二,语言交往功能的影响因素。在米兰宣言的分析,马克思指出"只有'起义'一个词"⑧的革命宣言不具有权威,这说明语言交往的信服力必须建立在科学认知规律和深刻的思想基础上,因为语言的逻辑性和科学性成为功能

---

① 《马克思恩格斯全集》第2卷,北京:人民出版社2005年版,第433—434页。
② 《马克思恩格斯全集》第11卷,北京:人民出版社1995年版,第15页。
③ 《马克思恩格斯全集》第2卷,北京:人民出版社2005年版,第266页。
④ 《马克思恩格斯全集》第11卷,北京:人民出版社,1995年版,第50页。
⑤ 《马克思恩格斯全集》第42卷,北京:人民出版社1979年版,第36页。
⑥ 《马克思恩格斯选集》第3卷,北京:人民出版社2012年版,第992页。
⑦ 《马克思恩格斯选集》第1卷,北京:人民出版社2012年版,第178页。
⑧ 《马克思恩格斯全集》第11卷,北京:人民出版社1995年版,第668页。

发挥的重要条件。此外,马克思、恩格斯还强调语言表达应体现"现代思想"①"精神和决心"②,说明科学性、创新性、实践性共同影响着语言交往功能,具有鲜明的生命力、创新性和革命性的语言交往能为社会变革提供理论支持和精神动力。

第三,语言交往功能的评价标准。在马克思主义看来,语言交往不仅要从促进生产力发展的角度,更要从全人类自由、平等和人的全面发展的角度进行评价,这要求话语交往能在深层次体现人类共同体的价值追求,实现目的与手段、工具与价值、自然与社会的统一。然而,资本主义生产方式主导下的语言交往充斥着侵略性、虚假性和工具性,理想的语言交往应立足于"千千万万劳动人民"的根本利益,而非服务于少数特权群体,以"语言平等"③消除语言分化、迷惑和割裂。

(三)语言交往的异化及其扬弃

作为人的对象化实践,语言交往本应是人之为人的确认和表征,扩展和丰富人的生命存在,激发人类文明的多样化发展。然而,异化的语言交往禁锢了思想自由,阻碍了人类、文明和社会历史发展。语言交往的异化主要指资本主义生产方式下"异化劳动"和"异化思想"的延伸,也是资本主义导致语言交往侵略性、虚假性、工具化的集中表述。仔细分析经典作家对资本主义的批判,可以透视出语言交往异化的以下表现:一是虚假性。正如马克思批判当时普鲁士对林牧业法律的修改只是"使用的语言不同而已"④;统治阶级"把自己的利益说成是社会全体成员的共同利益"⑤。二是侵略性。即资产阶级"使操同一种语言的人所居住的地域用国家形式统一起来,同时清除阻碍这种语言发展和阻碍把这种语言用文字固定下来的一切障碍"⑥。三是工具性,如阶级社会中语言交往的操控是为了保卫"他们作为奴隶主的权利、他们的殖民地、他

---

① 《马克思恩格斯全集》第11卷,北京:人民出版社1995年版,第317页。
② 《马克思恩格斯全集》第11卷,北京:人民出版社1995年版,第748页。
③ 《列宁选集》第2卷,北京:人民出版社2012年版,第337页。
④ 《马克思恩格斯全集》第1卷,北京:人民出版社1995年版,第289页。
⑤ 《马克思恩格斯选集》第1卷,北京:人民出版社1995年版,第100页。
⑥ 《列宁选集》第2卷,北京:人民出版社2012年版,第370页。

们的金融资本在别国的'势力范围'等等"①。

从马克思主义对资本异化的分析可见,语言交往异化的实质是资本主义意识形态化,即以口头或符号的平等、自由代替现实的不平等和不自由,使"人与人之间的语言交往无一例外打上了金钱的烙印"②,掩盖了真实的语言交往和主体关系;进而限制多数人的语言交往,只有少数人拥有语言交往的特权,如报刊语言"一般都是经书报检查机关随意修改过的"③,控制劳动人民与国家进行交往的"口舌"。只有对其进行扬弃,释放语言交往的积极功能,才能解放语言交往的活力与自由。

消除异化和扬弃是密切联系在一起的。马克思认为异化和异化的扬弃是同一条道路的不同阶段,当越来越多的被压迫者、被剥削者被资产阶级的生产方式推动下的交往结合在一起时,资本主义的"丧钟"就敲响了。在语言交往层面,被压迫者和被剥削者要揭露资本主义"谎话"④,以"真正的知识"⑤取代替之;"取消一个民族或一种语言的一切特权"⑥;"瓦解交往的意识形态化,把交往的人从语言建构的操纵影响中拯救出来"⑦,从而"促进和加速各民族的民主的接近和融合"⑧,维护民族共同文化,包容交往语言的"纯地方的或纯民族的特点问题"⑨。

综上,马克思主义语言交往的基本思想主要体现在:批判了资本主义生产方式下不平等、不自由的语言交往;提出了尊重差异、平等、自由的语言交往;强调只有真正的语言交往才能与精神、物质交往一同推进世界历史的进程,因为"语言本身是一定共同体的产物"⑩。这对于在构建人类命运共同体过程中科学地展开语言交往,促进文明交流互鉴具有重要意义。

---

① 《列宁选集》第2卷,北京:人民出版社2012年版,第745页。
② 谭培文、秦琳:《列宁的生态语言思想及其当代价值》,《马克思主义研究》2014年第6期。
③ 《马克思恩格斯全集》第1卷,北京:人民出版社1995年版,第966—967页。
④ 《马克思恩格斯全集》第10卷,北京:人民出版社1998年版,第316页。
⑤ 《马克思恩格斯选集》第1卷,北京:人民出版社2012年版,第153页。
⑥ 《列宁选集》第2卷,北京:人民出版社2012年版,第347页。
⑦ 博莱斯瓦夫·安杰耶夫斯基:《马克思主义语言交往的问题》,陈飞译,载《学术交流》2015年第8期。
⑧ 《列宁选集》第2卷,北京:人民出版社2012年版,第774页。
⑨ 《列宁选集》第2卷,北京:人民出版社2012年版,第345页。
⑩ 《马克思恩格斯文集》第8卷,人民出版社2009年版,第140页。

三、马克思主义语言交往思想的时代价值

如前所述,马克思主义世界历史理论蕴含着语言交往的展开、功能、异化及其扬弃规律,对于在普遍交往和文明交流交融交锋的客观背景下,促进语言交往具有重要意义。当前,随着世界历史和现代化的进程,全球话语霸权和媒介帝国主义不断结合新技术发酵,语言交往和文明发展充满了新的冲突和矛盾,主要是"语言帝国主义、语言霸权主义者唯自己的语言独尊,推行不平等的语言政策,企图灭绝弱小民族的语言"①,导致语言失衡与消逝的危机,折射的正是文明发展的不平衡、不平等问题。尤其是在科学和技术的助推下,传统语言交往方式更面临着巨大挑战,如"因特网成为第三交往媒介"②。据统计,截至2018年,"全球共有6 700至10 000种语言,其中至少40%的语言被联合国教科文组织划定为濒危语言"③。在这一深刻背景下,如何抵挡媒介帝国主义,保证客观、公正、公平的跨时空、文化间语言交往,成为必须面对的时代问题。否则,以西方中心主义为核心的文明优越、同化论、冲突论将伺机蔓延,直接威胁"外围""边缘国"本土化的语言存亡和交往自主性。

(一)遵循历史规律 坚持平等的语言交往与文明交流

坚持平等的语言交往与文明交流是文明互鉴的前提。语言中"包含有一定的世界观"④,平等的语言交往映射着主体对待文明的观念和态度。遵循历史规律,就是要顺应世界性语言交往和文明交流的客观趋势,在承认差异性交往主体和文明形态的基础上,承认语言交往的互鉴交融。因此,必须坚持平等的语言交往与文明交流。

实现平等与防止霸权是统一的。21世纪以来,随着国际力量格局的变化,"冲突将发生在文明之内"⑤的冲突论挥之不去,如亨廷顿认为,"西方的傲慢、

---

① 冯广艺:《生态文明建设与语言生态变异论》,《中南民族大学学报》2009年第4期。
② 蔡卫华:《马克思恩格斯语言交往思想研究》,广西师范大学博士论文,2017年,第112页。
③ 胡壮麟:《多元文明交融下的国家语言战略》,《中国外语》2019年第5期。
④ 安东尼奥·葛兰西:《狱中札记》,葆煦译,北京:人民出版社1983年版,第6页。
⑤ 塞缪尔·亨廷顿:《文明的冲突与世界秩序的重建》,周琪、刘绯、张立平、王圆译,北京:新华出版社1998年版,第7页。

伊斯兰国家的不宽容和中国的武断"①相互作用,导致了不可调和的西方与非西方的对抗性冲突。"如果,这种情况继续下去,中国的崛起和这个'人类历史上最大竞争者'的日益自我伸张,就将在21世纪初给世界的稳定造成巨大的压力。"②在这一认知框架背景下,"文明冲突论""中国威胁论"不断发酵并通过媒介放大和话语操控,对我国进行污蔑、诋毁、抹黑、歪曲、丑化,显现出"零和博弈"的强势思维,形成了不平等的话语传播格局,需要引起高度重视。

不仅如此,在全球金融体系背景下,全球话语霸权成为西方资本主义国家控制中国和其他第三世界国家发展、主导国际秩序的突出方式,如通过宣传普世价值,制造"颜色革命、茉莉花革命、玫瑰花革命、郁金香革命、天鹅绒革命等"③,体现出"西方中心主义"为核心的文明优越、同化观念。总之,当今世界范围内依然存在着违反历史发展规律、不平等、不平衡的语言交往问题。为此,必须以平等理念化解霸权思维。正如习近平总书记指出:"我们要建立平等相待、互商互谅的伙伴关……走出一条'对话而不对抗,结伴而不结盟'的国与国交往新路。"④所谓"文明冲突论""中国威胁论"不过是西方国家以自身发展逻辑推断他国文明发展的结果。

(二)发挥主动精神,借鉴多彩的文明成果与交往形式

借鉴多彩的文明成果与交往形式是文明繁荣的重要动力。和平、发展、合作、共赢是时代主题,人类文明走向全球化、多元化是不可阻挡的历史大势。正如斯宾格勒在《西方的没落》一书的结尾所说,"情愿的人,命运领着他走;不情愿的人,命运拖着他走"⑤。语言交往的主动精神,体现在"内容"和"形式"两个方面,我们既要看到各种文明的特性和出彩之处,又要看到交往载体的多样、灵活和时代性。

---

① 塞缪尔·亨廷顿:《文明的冲突与世界秩序的重建》,周琪、刘绯、张立平、王圆译,北京:新华出版社1998年版,第199页。
② 塞缪尔·亨廷顿:《文明的冲突与世界秩序的重建》,周琪、刘绯、张立平、王圆译,北京:新华出版社1998年版,第361页。
③ 宋德孝:《"全球资本主义"思潮的意识形态本质、危害及应对》,《河南社会科学》2021年第9期。
④ 习近平:《习近平谈治国理政》第2卷,北京:外文出版社2017年版,第523页。
⑤ 奥斯瓦尔德·斯宾格勒:《西方的没落》,甘长银译,北京:煤炭工业出版社2017年版,第463页。

反观现状,当今国际仍明显存在不平衡的文明关系和语言交往中部分文明失声、失语的现象。究其原因,由于西方资本主义国家主导了世界历史和现代化进程,造成西方文明的强烈优越感,认为其他文明都应以此为范本,所谓现代化其实是西方化。福山曾断言"自由民主制度也许是'人类意识形态发展的终点'和'人类最后一种统治形式',因此构成了历史的终结论"①。由此带来的是,西方资本主义国家"鼓吹的'文明同化论'和'白人优越论'"②,进行"意识形态和价值观输出,威胁其他国家和民族的文化认同与文化主权"③,从而产生"无家的、无根底"④的现代性语言,实际上,这一论调"只代表了西方资本主义国家统治世界的愿望,对于非西方世界的发展中国家来说,它却是一种陷阱"⑤,尤其不利于东方文明的完整表达和历史延续。

另外,科学技术的迅猛发展,也对语言交往带来了新的挑战,加剧了"不平衡""不对称"问题。"世界范围内侵害个人隐私、侵犯知识产权、网络犯罪等时有发生,网络监听、网络攻击、网络恐怖主义活动等成为全球公害"⑥;"侵蚀性""消弭化"意识形态话语借助全球网络肆意传播、扩散,严重危害语言交往生态。在这一背景下,如果不及时将技术手段融入交往之中,文明形态不仅有可能遭受意识形态瓦解和攻击,更有可能被排除在交往范围之外。

因此,要改变这种不平衡的文明关系,必须发挥主动精神,从内容与形式方面入手:在内容层面,在保留自身文化特色的同时,应秉持开放包容的心态深入研究不同优秀文明成果的核心内涵与前沿理论,让文化文明在多元融合后既有本土韵味又有国际元素;在形式层面,要通过"文化节"等文明交往活动,吸引优秀文化交流互动。还可以借助智能技术,赋能文化出海,从而打破西方霸权主义的文明笼罩,沟通"古""今""中""外",让文明交流在共通共融中

---

① 弗朗西斯·福山:《历史的终结及最后的人》,黄胜强、许铭原译,北京:中国社会科学出版社2003年版,第1页。
② 刘志刚:《从"文明冲突论"到人类命运共同体——中西方对待文明冲突的不同逻辑》,《学术界》2021年第10期。
③ 王伟光:《中国共产党百年华诞与市级文明交流互鉴》,《红旗文稿》,2021年第13期。
④ 奥斯瓦尔德·斯宾格勒:《西方的没落》,甘长银译,北京:煤炭工业出版社2017年版,第146页。
⑤ 何萍:《马克思主义世界历史理论中的决定论与非决定论——关于马克思、卢森堡、列宁的一个对比研究》,《哲学研究》2008年第3期。
⑥ 《习近平谈治国理政》第2卷,北京:外文出版社2017年版,第532页。

破除隔阂,实现"本文明"与"异文明"、"自我"文明与"他者"文明的美美与共。

(三) 积极寻求共识,推进丰富的文明发展与交往深度

推进丰富的文明发展与交往深度是文明交流互鉴的必然结果和深层根基。共识的本质是理解,哈贝马斯认为"沟通是人类语言的终极目的"①,"理解任何一种符号表达基本上都要求参与到一个沟通过程中去"②,目的是达到彼此理解,其结果是在相互理解的基础上协调行为,进而影响和改变主体间的交往关系,因为一切交往主体差异性的背后是作为"现实的人"的同一性,这是交往得以展开的深层根基,也是达到彼此理解的客观根源。从现实层面看,语言交往协助人们分配、占有、协调物资,在情感沟通、思想交流、意向确定中达到共鸣、共情、共享。从更深层看,语言交往是人类文明高度发展的表征,不同地域、民族、国家通过语言交往,展开文明交流互鉴。

在此过程中,建立共识是话语交往的重要前提,是多样化文明理解、交流、互鉴、共存发展和世界和平的内在需求,仍是当今时代最需要解决的重要问题之一。例如二战后,世界上的武装冲突中,百分之八十都是由美国挑起的,如阿富汗战争、伊拉克战争、叙利亚战争等,与之伴随的是关于证明此类战争"合法性"的话语方式,违背了人类历史和文明发展差异性与同一性辩证统一规律。事实上,"我离不开他人,离开他人我就不能成其为我;我应先在自己身上找到他人,再在他人身上发现自己"③,没有任何人、民族和文明可以孤立存在。池田大作与汤因比曾在"展望二十一世纪"的对话中表示,今后世界要采取各国以平等的立场和资格进行协商这种联合的方式④进行统一。毫无疑问,推进丰富的文明发展和交往深度,必须积极寻求共识,进行协商与沟通。

为此必须遵循客观规律,发挥主动精神,发现共识、达成共识。因为交往语言"是醒觉存在之间的一种关系。了解的意思是对信号刺激做出反应,这是

---

① 尤尔根·哈贝马斯:《交往行为理论》第 1 卷,曹卫东译,上海:上海人民出版社 2004 年版,第 275 页。
② 尤尔根·哈贝马斯:《交往行为理论》第 1 卷,曹卫东译,上海:上海人民出版社 2004 年版,第 112 页。
③ 米哈伊尔·巴赫金:《巴赫金全集》第 5 卷,石家庄:河北教育出版社 1998 年版,第 379 页。
④ 阿诺德·约瑟夫·汤因比、池田大作:《展望二十一世纪——汤因比与池田大作对话录》,荀春生、朱继征、陈国梁译,北京:国际文化出版公司 1985 年版,第 284 页。

依靠自己对一种信号刺激的价值的察觉。因此,对一个'你'说话、互相了解、进行'对话'等便意味着别人所感受到的意思与自己所感受到的意思一样"①,然后交往双方随时"调整自己交往的目的、言说的视角和所持的立场"②,因此真正的共识是在相互协商中理解、平等对话中求同存异,是对人类生存之间永不熄灭的联系的认同,体现出人类文明的共商、共建、共享。这不仅与马克思的"语言共同体"一脉相承,也与"自由人联合体"的理想并行不悖,蕴含了人类对美好生活向往的普遍共识和价值旨归。

总之,马克思主义语言思想具有深刻的时代价值。在人类文明相互交流、交融、交锋下,语言交往从世界历史形成中萌芽、在文明交流互鉴中成长,以其独特的展开方式、功能特征、异化扬弃成为承载文明的建构性因素。在文明交流互鉴视域下,我们应遵循历史规律、推动与文明交流与语言交往;发挥主动精神、促进文明互鉴与文化互动;寻求发展共识、丰富文明发展与交往深度,为推动构建人类命运共同体发挥积极作用。

【执行编辑:聂艳秀】

---

① 奥斯瓦尔德·斯宾格勒:《西方的没落》,甘长银译,北京:煤炭工业出版社 2017 年版,第 106 页。
② 杨建刚:《语言学转向视域中批判理论的交往转向》,《天津社会科学》2015 年第 5 期。

话语分析视域下的思想政治教育主体互视建构*

李梅敬 刘 灿

摘 要：思想政治教育话语是对国家发展、世界发展和自我发展的积极思考和回应，是凝聚中国发展共识、强化国家认同、展示中国力量的精神标志。具有主流意识形态话语属性的思想政治教育，其话语实践需要进一步遵循主体互视的逻辑，通过小课堂—大社会搭建教与学互视的对话平台，通过实际行动搭建自我与他者互视的共建平台，通过涵育精神力量搭建自我与国家互视的内在平台，通过讲好中国故事搭建中国与世界互视的共赢平台；并立足党的创新理论，筑牢主体互视的理论基础；强化教师的主导作用，增强主体互视的引导力量；坚持深度的自我教育，提高主体互视的内在动力；运用智能化的手段，发掘主体互视的深层积淀，从而进一步推动中国话语体系的崛起，更好完成全面推进中华民族伟大复兴的使命任务。

关键词：话语分析；思想政治教育；主体互视；建构

20世纪初，哲学领域的语言转向，将研究焦点从主客体之间的纠缠转向语言逻辑，在话语体系中展开了对自我生存和其他存在者的理解。从研究向度看，话语分析有描述性和批判性两种分析路径，描述性话语侧重文本分析，关注话语的自身建构；批判性话语侧重社会实践研究，关注话语的社会意义、意识形态功能以及对知识和信仰体系的建构作用。就思想政治教育话语而言，

作者简介：李梅敬，法学博士，上海理工大学马克思主义学院副教授；刘灿，上海理工大学马克思主义学院硕士研究生。

＊ 本文系上海市哲社规划专项课题"马克思主义视域下智能社会人的发展理论研究"（2021FZX009）的阶段成果。

这两者同等重要,因为思想政治教育肩负多种功能:一是在国际舞台上发出中国的声音以获得国际话语权;二是建构中国特色哲学社会科学话语体系而非简单照搬西方;三是通过更新和转换话语方式来提高实效性①;四是通过话语构筑信仰体系,从而更好地为党育人,为国育才,以德施教,为社会主义培养合格的建设者和接班人。党的十八大以来,中国迎来了从富起来走向强起来的转变,无论是硬实力还是软实力,在世界上的地位都举足轻重,中国的声音也传播得越来越远,中国话语体系的重要性已经成为"共识"。作为讲述党的创新理论的关键课程,其话语体系的重要性不言而喻。近年来,学界的思想政治教育话语研究是思想政治教育领域的持续热点,从每年发布的年度思想政治教育话语体系研究的梳理结果看,思想政治教育话语的研究聚焦概念厘定、时代性研究、凝聚力引领力研究、困境路径研究以及话语权、话语力研究等,取得了丰硕的研究成果,作为与时俱进的时代话题,思想政治教育话语研究始终要"立足于当代中国实践、立足于中国传统文化、立足于时代化、立足于全球化"②,这就使得话语体系的研究话题充盈,意义深远,需要不断与时俱进,深化发展。

一、话语及思想政治教育话语分析

话语之于人类的发展,正如蜗牛壳之于蜗牛,既是人类赖以生存发展的居留之所,也是人类的本质特征之一。在哲学领域,如海德格尔所言:"唯语言才使人能够成为那样一个作为人而存在的生命体。……无论如何,语言是最切近于人之本质的。"③在政治生活领域,如泰勒所言:"依照在平等语境下进行对话取得共识的原则来重塑我们的政治生活,已然成为现代政治文化的中心特征。"④在思想政治领域,话语体系是国家思想文化与价值体系对自身存在和外部存在发展变化的系统思考与回应。

---

① 周小华、储著源:《高校思想政治工作贯穿教育教学全过程的三个维度》,《高校辅导员学刊》2020年第3期。
② 邱仁富:《中国特色思想政治教育话语权构建》,《学术论坛》2015年第8期。
③ [德]海德格尔:《在通向语言的途中》,孙周兴译,北京:商务印书馆2003年版,第1页。
④ [加]查尔斯·泰勒:《现代社会想象》,林曼红译,南京:译林出版社2014年版,第24页。

话语既是一种表现形式,也是一种行为形式,能够对世界、对社会、对人生产生诸多作用。话语的界定不一,从不同视角分析有不同的内涵,比如语言学、修辞学、人类学等都有相关概念论述。就本文的思想政治教育话语分析而言,主要从话语的主题视角和功能视角来界定,这一方面源于思想政治教育的主题集中性,另一方面源于思想政治教育的功能特殊性。话语不仅仅是对社会现实的更深层次的反映,也是社会发展的推动力。思想政治教育话语作为一种政治实践,具有建立、培养、维护和改变自我以及世界的意义。

(一) 话语的特质

话语具有建构性。话语是被规范化了的语言共同体,是人与社会发展之间建立的辩证关系。话语不仅是描述性的,也是建构性的,不仅是对世界的发现性描述,更是对世界的意义性建构,具体包括社会身份、社会主体、社会关系、知识体系、信仰体系、价值体系等的建构。话语既可以建构社会并反映社会的变化,同时也是社会变化的内部因素。系统功能语言学家 Halliday 认为话语是情景语境的一个成分①,这里的语境包括语场、语旨和语式。鉴于语境的动态性和情景性,话语的建构也具有动态性和情景性,会随着使用者的社会认知需求、理论水平提升等的变化而变化。话语建构的效果或者功能主要有三个方面:基于身份认同和身份建构的身份功能、基于关系建构的关系功能和基于知识和信仰体系建构的观念功能。

话语具有共享性。话语作为一个群体或某种共同体沟通交流传承的产物,为它所属的共同体所共享。"语言构成了一种财产,所有人都可以同时使用,而不会使其储备有任何减少,因此,这种财产容许为一个完整的共同体所共享;对所有人来说,自由地参与到对这种共同财富的利用中来,这在无意中促进了它的保存。"②话语作为一种创造性的语言,与语言相同的是,在被群体所有人共同使用的同时,也分属于所有人,但所有人拥有的都是使用权而不是所有权,因而具有共享性,但与语言不同的是,话语需要"使其所要说的

---

① M. A. K. Halliday, Rugaiya Hasan: *Language, Context, and Text: Aspects of Language in a Social-Semiotic Perspective*, Linguistics, Published 22 June, 1989.

② Comte Auguste: *System of Positive Polity*, 4 vols, London: Longmans, Green, and Company, 1877, p. 213.

东西成立"①。

话语具有精神性。话语是人类内在精神的外在表现,与人类的精神发展深度交织。人类精神的每一个阶段转换,每一次的前进,每一次的彷徨,都可以从话语体系中辨识出来,比如当下的"内卷""躺平""松弛""太难了"等网络话语就是时代特有精神的话语反映。话语是人类对自身生存状态的察觉,是人类精神的自由流淌,比如 ChatGPT、Sora 等的火爆出圈,就是人类对自身生存状态的觉察。从网络热词的不断更新和发展来看,话语的变化内含着时代的变化以及精神的创造活动,体现着人类精神力量的发展、更新以及升华。数千年来,人类的精神力量在不同领域以不同形式得到了不同程度的彰显,这种彰显是人类历史进程中人类自我的不断明确、自我精神的不断彰显。对一个国家和民族而言,话语伴随着民族的兴衰在民族精神中成长起来,精神话语是民族的宝贵财产,也是孕育伟大民族精神的重要因素,忽略了话语与民族精神之间的关系,话语研究就失去了存在的价值和意义。这也是思想政治教育话语特别需要注意的一点。

(二)思想政治教育话语

思想政治教育话语是具有明确来源的精神性活动。探索和描述思想政治教育话语的努力,并不是语言学家的任务,而主要是思政课教师的任务。新时代高校思政课教师话语力的来源是习近平新时代中国特色社会主义思想。习近平新时代中国特色社会主义思想是当代中国马克思主义、21 世纪马克思主义,对构建思想政治教育话语体系具有根本的指导作用。习近平总书记指出:"要加快构建中国话语和中国叙事体系,用中国理论阐释中国实践,用中国实践升华中国理论,打造融通中外的新概念、新范畴、新表述,更加充分、更加鲜明地展现中国故事及其背后的思想力量和精神力量。"②思政课教师是否能够充分吸收马克思主义以及百年党史中中华民族所具有的内在的、深刻的和富足的源流,深入到中国发展史的具体事件的进程中,去抓住中国发展的极其独特的精神特质?如果答案是肯定的,那么思政课教师就获得了一种贮存着能

---

① Comte Auguste: System of Positive Polity, 4 vols, London: Longmans, Green, and Company, 1877, p. 213.
② 《习近平谈治国理政》第 4 卷,北京:外文出版社 2022 年版,第 317 页。

力的话语力量,这种力量可以由内向外地把握住既存的材料,比如教材内容、创新理论等,并把这些材料转变成思想政治教育话语,传递给学生,达到立德树人的目的。

思想政治教育话语是具有明确需求的精神性活动。思想政治理论课作为立德树人的关键课程,承载着多方需求:既是"培养一代又一代社会主义建设者和接班人的重要保障",又是满足学生成长发展需求和期待的重要渠道,更是防止少数学生三观发生重大变化甚至颠覆性改变的重要屏障。思想政治教育话语产生于人的内在精神成长需要,而不仅仅是出自维持人类交往或者课堂教学的外部需要;产生于国家发展的内在需要,而不仅仅是出自抽象理论和学分满足的外部需要;产生于学生发展的三观需要,而不仅仅是意识形态教育和职业发展的外部需要。无论是立德树人的目标,还是世界观、人生观和价值观的形成,个体只有在自己的话语体系与他人的、集体的话语体系建立起清晰明确的联系的时候,才能对世界、对人生产生总的看法;而个体对世界的片面认识和对人生的片段感悟,不能从总体上满足人类发展的内在需要,因此思想政治教育话语需要从精神话语的层面,立足人类发展和国家民族发展的整体,对人类的精神需求做出整体性回应,无论是"一带一路"的倡议还是人类命运共同体的理念,都是对人类发展话语的整体性贡献。与此同时,话语的创造力会生生不息,永不停止,这也是人类精神力量持续发展的外在表现。

思想政治教育话语是具有确定目标的精神性活动。话语本身是人类最为智能的产品,话语的差异恰恰是精神力量的差异。思想政治教育话语不同于一般话语,思想政治教育话语是具有确定目标的精神性活动。思想政治教育话语是对国家发展、世界发展和自我发展的积极思考和回应,是凝聚中国发展共识、强化国家认同、展示中国力量的精神标识。如何成功地实现这一目标,取决于思政教师话语的精神力量是否强盛和丰富,取决于思政课教师的精神力量对话语体系的驾驭和适应性。比如,教学观念是否十分明确,能否触及学生内在的需求,能否触及概念的深刻本质,能否在现象中迅速攫取精神力量……能否让生活在巨大变革时代的学生明晰自身以及自身所在的民族国家所处的历史方位和历史阶段,并确认现时代的发展是前时代的接续,又是未来时代的潜在萌芽,这是我们努力的正确方向,而这个正确的方向也是思想政治教育话语的目标之一。

二、思想政治教育话语的主体互视平台建构

现代话语分析理论认为,话语既是静态的成品,又是动态的过程。作为一种对现实生活具有意义感的语篇,话语是群体的陈述,具有连贯性和相互性,是表达思想和彼此沟通的工具。话语的构成需要通过不同角色的互视,在合适的时间、地点通过恰当的方法与行动,"在一种适切的'交往—互视'的关系结构中达成对特定意义的共识性理解,现实地激发、培育起彼此共为一体的'我们感'。"① 按照巴赫金的对话观,话语无论是采用对话形式还是独白形式,本质上都是对话性的,都反映着对话关系。因为"孤零零的我无法判断世界的好坏、价值的大小,甚至连对世界的意识也无法产生,我的存在离不开他人,只有在我与他人相生互动的存在中,世界及其价值才会从我或他人的唯一视角中展现出来"②。对思想政治教育的理解和认同,需要教师主体通过思想政治教育话语将党的创新理论与学生的生活实践在理解和认同的基础上建立密切的关联。可以说,思想政治教育话语本质上是一种教与学的互视,是自我与他者的互视,是自我与国家的互视,是国家与世界的互视,不同主体通过互视建立共同的情感体验,建立共识性的认知,建立共同的家国情怀,实现共同的民族复兴目标。

(一)通过小课堂—大社会搭建教与学互视的对话平台

思想政治教育话语是思想政治教育理论课教学的重要组成部分,具有鲜明的精神特质和意识形态功能,对社会的团结、国家的内聚力具有重要意义。涂尔干认为,在传统社会中,每个人的内心都有两种意识:一种是"每个人的个体性",一种是"社会共有的集体意识"③。对国家而言,个体的个性与社会共有的集体意识的重合度越高,社会的内聚力越大。思想政治教育话语正是连

---

① 王苇:《话语分析视域下的核心价值观生活化逻辑》,《北京师范大学学报(社会科学版)》2023年第6期。
② 凌建侯:《话语的对话性——巴赫金研究概说》,《外语教学与研究》2000年第3期。
③ [法]埃米尔·涂尔干:《社会分工论》,渠东译,北京:三联书店2005年版,第90页。

接两者的纽带和系统回应。思想政治教育话语将社会共有的集体意识按照学生的接受程度进行表达和传递,通过小课堂的理论教学和大社会的社会实践,搭建教与学互视的对话平台,实现听党话、跟党走、为党育人为国育才的目标。从这一视角看,思想政治教育话语包含三层含义:一是对国家发展的思考和回应,二是对世界发展的思考和回应,三是对自我发展的思考和回应。通过小课堂—大社会搭建教与学互视的对话平台需要三种思想政治教育话语:一是教材话语的陈述,二是课堂话语的讲述,三是实践话语的综述。就教材话语而言,需要对教材体系和教材用语做到精准把握;就课堂话语而言,需要对授课主题的背景—文本—意义之间关系做到精准把握;就实践话语而言,需要深化社会实践的意义,将社会实践作为建立在共同的情感和价值观基础上的个体与社会、个体与国家之间的互视纽带。通过这三种思想政治教育话语,如何做到对三种思考的积极回应呢?答案是通过文本生产和文本解释。比如党的二十大报告作为一个生产文本,获得了大量的解释文本,这些解释文本作为二十大报告的注释或者运用而与二十大报告一起成为一个共享文本或共同的社会资源,这一共享文本或共同社会资源,就成为话语参与者之间的沟通桥梁,进而回应不同层面的思考,达到教与学的互视。这种互视在双重意义上受到社会的制约:一是资源的可获得性上的制约,二是自身素质对文本解释程度的制约。因为文本的生产和解释也是一个多层次的过程,比如二十大报告宣讲团,就是一个从中央到地方的多层次的由上到下的解释过程,高层次关注意义,低层次关注落实,不同层次搭建不同平台,并形成自上而下或者自下而上的话语通道。

(二)通过实际行动搭建自我与他者互视的共建平台

"话语以地图的形式存在,它既形成我们的理解,也规定我们理解的范围。"[①]这就意味着,一方面,话语以及话语实践具有引导功能,成功的话语实践会影响受众的理解以及理解的范围、深度等;另一方面,话语以及话语实践具有屏蔽功能,失败的话语实践会窄化受众的理解范围、浅化受众的理解深度,甚至误导受众的行为路线。这就进一步凸显了成功话语建构的重要意义。就

---

① [美]詹姆斯·保罗·吉:《话语分析导论:理论与方法》,杨炳钧译,重庆:重庆大学出版社2011年版,第33页。

思想政治教育而言,其关键课程的地位以及立德树人的使命,要求思想政治教育话语建构必须是成功的话语实践,而不能成为失败的话语实践。成功的话语实践需要在有着部分甚至是完全不同旨趣的个体与他者之间确立一种实践上的共识,就需要用实际行动搭建一个自我与他者互视的共建平台。

互视性是关系的重要属性。马丁·布伯认为,相对于"自我"而言,"他者"不是第三者的"他",而是相对于他人的另外一个真实的"我"。"人需要与他者相遇,建立关系,进行对话,并在此之上实现'我'与'你'的同时升华与超越,摆脱'它'之世界的束缚。"① 自我和他者的关系是思想政治教育的重要关系,在传统时代,自我和他者的划分依托的是文化、文明、经济、政治等,相处模式包括相知模式、相爱模式、互惠模式等,这种自我与他者之间的关系是可以流动的,其对话和互视是需要在共建的基础上用实际行动相互影响。比如教师和学生是一对特殊的自我与他者关系。

思政课教师通过思想政治教育话语传递正确认知,帮助学生树立正确认知,进而改变自身行为、实现共同信仰等,在两者的互视过程中,隐含着认知与承认、主动与被动、主体与从属的交流关系。在思政课的教学过程中,教师处于主动和主体的地位,其认知是否被处于被动和从属地位的学生所承认,成为检验思想政治教育话语是否有效的标准。对思政课教师而言,每一次的话语都成了一次行动,运用被社会建构好了的语言,按照惯例进行配置,再设置一种确定的或者不确定的情景,让他者在教学关系进而在社会关系中彼此互视、正确行动。

(三) 通过涵育精神力量搭建自我与国家互视的内在平台

随着智能科技的加速发展,人类的精神状态通过快速更新的话语形态而不断得到反馈。这种反馈联结着时代的发展、科技的发展、语言的发展以及民族关系等,一方面对人类持续发展和快速发展的原因和结果做出合理的、相关的、专业的解释;另一方面对人类持续发展和快速发展将要面临的新问题和新挑战做出阐释或者提供预见。这种阐释和预见虽然难以获得全体人的共识,因为科技的未来发展从本质上说是不可能被完全掌握的,预先的测知也往往

---

① 黄国芹、Ashraf Muhammad Azeem:《马丁·布伯对话理论视域下教师期望效应的生成与利用》,《教师教育论坛》2023 年第 7 期。

是难以准确的。即便如此,依旧需要思想政治教育话语的介入,在历史传统和现存条件之间形成一个连接点,让精神力量在自我与国家的互视发展中得以无断裂地延续下去。

这种精神力量主要是一种民族的精神力量。对人类个体而言,话语是内在认知与外在表达的统一,是以民族性为基础的个体表达。因此,高校思政课教师的思想政治教育话语,如果不以中华民族的精神力量为出发点,就根本无法彻底解答党的创新理论与国家发展和个体内在生命力的几乎所有问题。思想政治教育话语的根深深扎在民族精神力量之中,中华民族的精神力量对思想政治教育话语的影响越大,思想政治教育话语就越符合思政发展规律,就越丰富多彩,影响力就越大。

(四)通过讲好中国故事搭建中国与世界互视的共赢平台

"以我为主、兼收并蓄"是搭建中国与世界互视的共赢平台的基本原则。讲好中国故事,展现真实、立体、全面的中国,其前提是建构中国话语体系。习近平总书记指出:"我们在国际上有理说不清的一个重要原因,是我们的对外传播话语体系没有完全建立起来。"[①]话语的背后是思想、是道,没有自己的思想,就没有话语权。思想哪里来?思想来自中国特色社会主义伟大实践。话语的决定力量也在于社会实践,话语是对社会实践的深层次反应,社会实践是话语建构的力量来源。话语的建构不是来自自由思想的飞舞,而是社会发展的实践,植根于真实的物质的社会,其建构效果也是在与其他实践的建构效果的连接中发挥出来并获得检验的。社会实践有不同的方向,经济的、政治的、文化的、意识形态的,话语也有不同的方向,有时候会像商品一样被生产、分配和消费。思想政治教育话语体系的构建也来自中国特色社会主义伟大实践,每一个伟大的实践都是一个绝佳的中国故事。

通过讲好中国故事搭建中国与世界互视的共赢平台,需要思政课教师按照立足中国、借鉴国外,挖掘历史、把握当代,关怀人类、面向未来的思路,着力构建思想政治教育话语体系,在中国与世界的互视中,讲好中国走出的符合国情的发展道路、中国发展为世界和平与发展注入的正能量、中国全方位对外开

---

① 《习近平关于总体国家安全观论述摘编》,北京:中央文献出版社2018年版,第122页。

放为各国分享"中国红利"创造的机会、中国为世界经济增长提供的稳定器和动力源、为国际社会提供的公共产品、为其他发展中国家提供的经验和借鉴、为建设更加美好的世界贡献的中国力量以及打破的"国强必霸"的路子等,在指导思想、学科体系、学术体系、话语体系等方面充分体现中国特色、中国风格、中国气派,讲好中国故事,阐释好中国特色,更好地用中国理论解读中国实践,为解决中国在学术思想、学术话语上的能力和水平同我国综合国力和国际地位不相称的问题做出自己的努力。

三、思想政治教育话语提升主体互视效果的路径

(一) 立足党的创新理论,筑牢主体互视的理论基础

党的创新理论蕴含着对共产党执政规律、社会主义建设规律、人类社会发展规律的深刻认识,蕴含着科学的世界观和方法论,蕴含着指引人们坚定理想、不懈奋斗的强大精神力量。思政课教师要善学善用党的创新理论,把党的创新理论转化为推进强国建设、民族复兴伟业的强大力量,进一步筑牢主体互视的理论基础。

一是立足党的创新理论,以党的创新理论为指引推动有中国特色的思想政治教育话语体系的高质量建构。思想政治教育话语是中国话语体系的重要组成部分。"中国话语体系建设既是当代中国理论建设、思想建设、文化建设的重要方面,也是中华文明、中国文化的重要表达,更是我们党历史自信、文化自信的重要体现。"[①]思想政治教育话语的功能是教材体系、知识体系、真理体系的可被理解性,主要指向三个向度:知识、能力和价值。作为中国共产党的政治优势和优良传统,思想政治教育自1984年创立思想政治教育学科以来,就形成了一整套把思想和社会行动联结起来,以实现广泛的思想动员和共识凝聚,不断为国家培育建设者和接班人的立德树人教育系统,形成了新民主主义革命时期、社会主义革命和建设时期、改革开放和社会主义现代化建设新时期和新时代的不同话语特点,比如关心群众柴米油盐的民生话语、以人民为中心的执政话语等。党的十八大以来,中国的思想政治教育话语研究取得了突

---

① 《开辟马克思主义中国化时代化新境界——第四届"中国话语高端论坛"在兰州召开》,http://theory.people.com.cn/n1/2023/1102/c40531-40108732.html。

飞猛进的发展,与国际相关研究相互交叠碰撞,日益形成中国特色的思想政治教育话语,这既是思想政治教育话语立足党的创新理论的结果,也是立足党的创新理论的重要原因。

二是立足党的创新理论,以党的创新理论筑牢主体互视的理论基础。只有深深扎根于党的创新理论,对中国和世界的发展才能知其然、知其所以然、知其所以必然;只有跟随党的理论发展之旅,才能更好地观察时代、把握时代、引领时代,胸怀"两个大局",心系"国之大者",才能更好地领悟习近平新时代中国特色社会主义思想的历史逻辑、理论逻辑、实践逻辑,在循序渐进、由浅入深、持续积累的过程筑牢主体互视的理论基础。作为政治和意识形态实践反应体系的思想政治教育话语,具有建立、维持和改变权力关系,并在某种立场上建立、培养、维护和改变世界的意义。理论基础不牢固,则无法担此重任。我国思想政治教育40年的发展,经历了一个从初创到繁荣的发展过程,实现了从最初的在部队和企业开始的以发挥人的积极性为主要目标的思想政治工作,到新时代以立德树人为目标的关键课程,思想政治教育的话语也在不同时期发生着不同的变化,但都具有浓厚的政治色彩和意识形态色彩。在思政课中,有人提出多使用中性的话语,然而事实上,人类并"不存在任何中性的词语",比如"在革命性的情景中,普通的词语都带上了相反的意义","当你在一个刚离开乡村的人在场的情况下使用农民这个词语时,你永远不会知道他将如何看待这一词语"①。因此不存在单纯的词语,只有语境中的话语。思想政治教育的话语语境即党的创新理论,中国式现代化道路、人类文明新形态、中华民族现代文明等事关党和国家事业前途命运的话语,都是新时代思想政治理论课的理论基础和精神标识。把握不好这些理论基础和精神标识,就会犯理解力不强、领悟力不高、思想水平偏低、知识结构不合理等错误。

(二)强化教师的主导作用,增强主体互视的引导力量

思政课教师肩负立德树人的崇高使命,是人才强国的重要保障。思政课教师在思想政治教育话语建构中处于中心地位,起主导作用,在新时代新变局下,思政课教师要有不断重新反省自我的能力和不断提升自我工作能力的意

---

① [法]皮埃尔·布尔迪厄:《言语意味着什么——语言交换的经济》,褚思真等译,北京:商务印书馆2005年版,第10—11页。

识,做好主体互视的引导力量。首先,在思想政治教育的情景语境中,思政课教师的语境配置,即教学内容的教学目标、核心观点、典型案例、随机话题、重复成分等如何安排、如何推进等都会影响主体互视的结果。其次,思政课教师的核心理念、话语范围(内容指向)、话语呈现形式(语言、图片、视频、音乐等)、话语基调(角色关系)、话语方式(语频语调)等也会影响主体互视的结果。比如悉尼学派的代表人物马丁指出,话语是"在抽象层次上用来完成不同社会目的的言语策略"①。这些策略通过一些阶段的移动来达到我们的目的,即观念形态—话语类型—语域—语言。这也就意味着,在教学实践中,思政课教师的观念是最重要的,所以习近平总书记也指出,"让有信仰的人讲信仰"②。最后,思政课教师对主体需求的把握程度也会影响主体互视的结果。需要是连接人与社会的唯一纽带,需要在现实生活中往往表现为缺乏感,因此满足学生需要,降低缺乏感,是增强思想政治教育话语有效性的前提。思政课教师应主动把握学生的需求,在满足需要的基础上启迪心智、引导人生,给学生心灵埋下真善美的种子,而这些种子"越多由他们通过自己亲身的经验去检验它,它就越会深入他们的心坎"。

(三)坚持深度的自我教育,提高主体互视的内在动力

人类的一切活动都有目的性,人类活动的所有领域都与话语相关,在每一领域都锤炼出了相对稳定的话语体系。与此同时,这些话语体系又具有一定的变动性,并非固定不变的、抽象的、脱离现实语境的修辞手法,而是随着情景语境、认知语境、心理语境、社会语境和文化语境的变化而变化,因此每个话语主体都需要不断进行自我教育,一是在物理世界激发人生激情和责任感,高度认同国家的整体发展目标,找到自己的人生目标和方向;二是在心理世界激活自我认知,一边打量自我,一边认知世界,并通过心灵沟通做到双向奔赴,提高作为行为主体的内在动力。对个体来讲,每个人的话语都贯穿着他的自觉意志,属于他社会行为的一部分,并获得个体存在的社会意义;话语世界是他社会交际的一部分,具有独一无二性,话语是否丰富而且内涵深刻,决定了是否能生长出独立意识和新颖思想。对群体来讲,话语不仅包括人类的逻辑思维

---

① 李美霞:《话语类型研究》,北京:科学出版社2007年版,第53页。
② 《习近平谈治国理政》第3卷,北京:外文出版社2020年版,第330页。

能力,也包括人类思考问题、解决问题、预测问题以及理解人类自身和外在世界的能力。话语甚至是"生命的形式,存在的方式,是社会活动的框架,是学习的环境,是意义构建的场所……是我们探索陌生领域的指路灯"①。正是在这一意义上,无论是教还是学,无论是自我还是他者,无论是国家还是民族,都需要自我教育,提高自我的内生动力,在主体之间自由而平等的话语互视中,实现人类思维的对话本质和个体意识的不断成熟,推动整个人类的不断进步。

(四) 运用智能化的手段,发掘主体互视的深层积淀

智能时代的发展,让我们对"不识庐山真面目,只缘身在此山中"有了更为深刻的领悟和体会,外在生活环境的变化发展,让我们熟悉的东西越来越少,外在世界的真实面貌越来越难以辨析,我们的命运变得朦朦胧胧,无法确定。与此同时,智能科技的发展又让思政课立德树人的根本任务变得精准而便捷。在互联网和大数据的加持下,孔子的因材施教变得简单起来,大数据让我们的教学个性化不再遥不可及。

那么此时,我们需要考虑,如何发掘互视主体的深层积淀,把个体独一无二的特性赋予我们的时代发展? 如何将时代发展的成果赋予个体特定的活动以及其精神力量的发展? 这些问题实际上是每个时代都要面临的问题,只是,在人工智能时代,这个问题变得更加个体化而已。在人类最初的一切活动中,包含的感觉、需求、欲望、思想、语言和行为等都是内在的,这些内在之思只有接触到外在世界,才能发挥作用。在互联网和科技不发达的过去,内在之思与外在世界的连接度和传播度都是很小的,保存下来的也比较少。而随着时代的发展,连接度和传播度有了极大的提高,产生了让人眼花缭乱的大量信息,这些信息变化不定,对个体产生了很大的干扰和迷惑,这时候首先需要运用智能化的手段,把那些随着时间的流逝而确定下来的持久稳定的内在力量加以保存延续,比如中国共产党人的精神谱系、中国特色社会主义文化等中国智慧、中国方案、中国力量;"中国特色社会主义文化积淀着中华民族最深层的精神追求,代表着中华民族独特的精神标识,是中国人民胜利前行的强大精神力

---

① Charles Bazerman: The Life of Genre, the Life in the Classroom, In W. Bishop & H. Ostrom (eds.): *Genre and Writing*, Portsmouth: Boynton/Cook Publisher, Inc., 1997, p. 19.

量。"①这些持久而稳定的精神力量都是时代发展的成果,是个体精神力量的来源和基石,是唤醒个体理性自觉的主要动力。其次,关注到当下时代发展新兴的、无法估测的问题以及由此产生的内在困惑和内在力量,收集为党和国家努力奋斗的主观力量,即个体独一无二的特性,追求崇高理想的意愿、为中华民族伟大复兴而努力的抱负等都赋予时代的发展,形成发展合力。最后,从历史积淀、现实动力、未来理想等不同层面凝聚话语力量,创新话语形式,深化价值意蕴,形成奋斗共识。

四、结语

思想政治教育话语体系的形成是思政课教学科学化、规范化的重要体现,也是加强思想政治教育话语体系建设、运用多种互视平台实现立德树人目标的重要载体。思想政治教育要消除现实饱满的理论与碎片化的纯理论之间、理论与现实之间、不同主体之间的隔膜问题,就需要用话语体系做桥梁。话语体系是个流动的存在,在人类发展的过程中,话语体系的更迭往往是由于外部的力量的推动,甚至是一种非同寻常的力量,比如科技的力量等。当这种非同寻常的力量把人类社会推向新的高度,人们就会抛弃习以为常的话语体系,而代之以一种新的话语体系,比如元宇宙、ChatGPT、Sora 等人工智能话语体系,这些新的话语体系实际是彰显人类文明和文化得以发展的重要载体,也是不同时代中的不同主体之间对话、互视的重要载体,只有推动中国话语体系的真正崛起,中国才能为人类做出更大的贡献,在这一点上,中国的思想政治教育大有可为。

【执行编辑:邱仁富】

---

① 《习近平谈治国理政》第 2 卷,北京:外文出版社 2017 年版,第 51 页。

思想政治教育隐喻话语建构:价值意蕴、现实困境与实践进路*

聂艳秀

摘 要:思想政治教育隐喻话语是提升思想政治教育话语效果的重要方式。隐喻话语用"生活话"实现教育"生活化",能强化情感劝谏,产生潜移默化的影响,来满足思想政治教育传达特定的政治观念、价值理念和社会规范的目的。同时,隐喻话语面临运用频次较低,思想政治教育具象化不足;隐喻话语幻象,思想政治教育内容"失真";隐喻话语与语境割裂,思想政治教育内容被遮蔽的现实问题。为此,要强化施喻者素质,注重隐喻话语及语境的构建,并把握理性话语与隐喻话语运用的"度",来破解思想政治教育隐喻话语建构的困境与挑战。

关键词:思想政治教育;隐喻;话语;生活化

隐喻话语是提升思想政治教育话语效果的重要方式。思想政治教育话语是"思想政治教育活动过程中的教育者和受教育者用来交往、宣传、灌输、说服,以及描述、解释、评价、建构思想政治教育内容和主体间思想观念、价值取向和行为表征的言语符号系统"[1]。教育者和受教育者通过思想政治教育话语来传递和接收信息。概念隐喻理论指出,抽象概念是通过隐喻映射来建构和表征,隐喻是从一个具体、有形、可感的概念域向一个抽象、无形、不可感的概

作者简介:聂艳秀,中央财经大学马克思主义学院博士研究生。

* 本文系教育部"高校思政专项"重大课题攻关项目"思政课话语体系与新时代青少年话语模式融合研究"(23JDSZKZ04)的阶段性成果。

[1] 邱仁富:《思想政治教育话语论》,上海:上海交通大学出版社2013年版,第28页。

念域的映射①。即隐喻用一类事物来理解另一类事物，实现劝诫的目的。思想政治教育隐喻话语则是在承续传统思想政治教育话语的基础上，运用隐喻将思想观念、价值取向和行为表征中抽象化的表述具象化呈现。即思想政治教育隐喻话语用具象化的形式，恰当、得体的方法，传递教育内容，调动教育对象的兴趣，实现思想政治教育育人的目的。在世界百年未有之大变局加速演进的背景下，意识形态工作的任务越来越艰巨，思想政治教育又是我国意识形态工作的重要形式，思想政治教育话语效果如何极其重要。因此，建构思想政治教育的隐喻话语，对于当前意识形态工作具有重大理论价值和现实意义。

一、思想政治教育隐喻话语的价值意蕴

作为有目的、有计划、有组织的教育活动，思想政治教育是教育主体对教育对象的思想观念、道德情感、行为准则有意识、有目的地加以教育，以期提高教育对象的思想道德素质和水平。根据乔治·莱考夫（George Lakoff）和马克·约翰逊（Mark Johnson）的概念隐喻理论可知，隐喻有方位隐喻、结构隐喻与实体隐喻三种类型。方位隐喻通过对上、下、左、右等方位词语的运用来表达一定的情感和内容，借此呈现某一人或事物存在的处境。结构隐喻是用熟知的概念结构来理解和构建未知的概念结构。实体隐喻则将人们具体可感的实在的事物去指代非实在的状态或者活动。通过这三种类型隐喻的使用，思想政治教育话语表达有了合理的调配和运用，能适切地传达思想政治教育的本意，使说服教育更加有力，避免打出"绵绵拳"，提高思想政治教育的实效性。

（一）生动释义：思想政治教育隐喻话语用"生活话"实现教育"生活化"

乔治·莱考夫和马克·约翰逊认为："隐喻无处不在，在我们的语言中，思想中，其他我们人类的概念系统就是建立在隐喻的基础上的。"②可以说，我们的日常生活都离不开隐喻，思想政治教育也离不开隐喻，它是通过隐喻建立起其概念系统的。思想政治教育隐喻话语在教育过程中形成，教育者通过深入

---

① ［美］乔治·莱考夫，马克·约翰逊：《我们赖以生存的隐喻》，何文忠译，杭州：浙江大学出版社2015年版，第105页。
② George Lakoff, Mark Johnson: *Metaphors We Live By*, Chicago: The University of Chicago Press, 1980, p. 147.

剖析和解读思想政治教育话语中所蕴含的深层次含义,运用具象化的语言解码思想政治教育过程中的思想内容,用"生活话"揭示出思想政治教育所要传达的核心要义和价值观念,实现教育的"生活化",具有很强的亲和力和影响力。

美国教育家杜威提出"教育即生活"的论断,强调教育要生活化。生活化是思想政治教育所要达到的最理想的方式。作为古典主义隐喻观的创始人,亚里士多德认为:"隐喻字是属于别的事物的字,借来作隐喻,或借属作种,或借种作属,或借种作种,或借用类同字。"①也就是说,隐喻涉及的事物之间是存在一定关系的,这种关系是隐蔽的不显著的,需要通过敏锐的眼光发现事物之间的关联性。思想政治教育隐喻话语也是借属作种,或借种作属,或借种作种,或借用类同字来表达其中本意和言外之意。即借助生活化的内容,将目标域向源域映射,进而将抽象的政治理论和道德观念转化为具体可感的形象,从而更容易引发受教育者的共鸣和思考。一方面,思想政治教育隐喻话语具有教育隐蔽性。与专业性话语相比较,思想政治教育隐喻话语因其借助于具体的方位词、熟知的概念或者人们具体可感的实体来进行隐喻,具有日常生活语言的性质。用隐喻话语呈现思想政治教育内容的生活化,拉近与教育对象之间的距离,遮蔽思想政治教育话语的教育意味。如习近平在谈到中国和亚太地区的关系时,运用实体隐喻,指出:"地瓜的藤蔓向四面八方延伸,但它的块茎始终长在根基位置。同样道理,无论发展到什么程度,中国都将扎根亚太、建设亚太、造福亚太。"②用地瓜的藤蔓这种"生活话"直观呈现,中国无论怎样发展都是扎根于亚太,使中国和亚太地区的关系及发展更具象化,也让人们对中国与亚太的关系认知更"生活化"。另一方面,思想政治教育隐喻话语让语言更通俗易懂。思想政治教育作为一门专业,不可避免地有自己的专业术语,专业术语既然"专业",就需要对其进行"解构",才能更好地被教育对象所接受。隐喻话语将很强的理论性内容拆解或者说映射为一个被人们所熟知的实体,让"非专业"的人都明白,思想政治教育就达到了育人的效果。如邓小平在

---

① [古希腊]亚里士多德:《诗学》,罗念生译.北京:人民文学出版社2002年版,第62页。
② 习近平:《在亚太经合组织工商领导人峰会上的主旨演讲》,《人民日报》2016年11月21日。

论述怎样恢复农业生产时,曾说:"黄猫、黑猫,只要捉住老鼠就是好猫。"①意即不管采用哪种生产形式,只要能够比较快地恢复和发展农业生产,就采取哪种形式,这也就有了后来的"白猫黑猫论"。邓小平用通俗易懂的"黄猫""黑猫"的理论来隐喻农业生产形式的选择问题,能够让老百姓更通俗化地理解农业生产管理政策。

(二)唤醒情感:思想政治教育隐喻话语强化情感劝谏

隐喻有激发情感的功能,能够起到情感劝谏的作用。思想政治教育用以理服人的教育方法,启发引导教育对象,而隐喻话语能在思想政治教育的理性说服和非理性说服之间架起桥梁,更好地实现劝谏效果。从弗洛伊德时代起,心理学家就开始讨论从紧张中获得解脱能够令人愉快的原因②。弗洛伊德认为,快乐来自重新认识熟悉的事物。就像老朋友见面会很开心,有意识地重新认识熟悉的事物也会快乐。思想政治教育中晦涩难懂的内容,用隐喻话语呈现,可以帮助教育对象更好地理解教育内容,进而从不理解造成的紧张焦虑的情绪中解脱,由此获得愉悦感。愉悦感的获得也是思想政治教育隐喻话语生效的最好证明。

隐喻通过其特殊的表达方式,能够以生动的形式展现出思想政治教育话语的内在本质,给教育对象带来具象化感知,刺激教育对象感官,激发教育对象的情感,拉近教育者和教育对象双方距离,从而达到教育对象从情感中贴近教育者的目的,实现教育者的预期目标。一方面,思想政治教育隐喻话语能提升情感教育的实效性。思想政治教育是以理服人,用理性话语传递思想观念、价值观点,思想政治教育隐喻话语则在说服教育和情感教育之间架起桥梁,让语言更形象生动,将思想政治教育中更深层次的思想内涵、价值观念等,巧妙地隐藏在字里行间,引导人们在品味中思考,在思考中领悟。如习近平多次使用"理想信念是精神上的钙",意在表明中国共产党人要坚定马克思主义的信仰、对中国特色社会主义的信念、对实现中华民族伟大复兴的信心。但我们人体中的钙是会随着年龄的增长逐渐流失的,精神上的钙同样如此,所以,"精神

---

① 《邓小平文选》第1卷,北京:人民出版社1994年版,第323页。
② Graesser A Mioj: Humor, language, and metaphor, *Metaphor and Symbolic Activity*, 1991, Issue 6.

上的钙"言外之意也在强调中国共产党要重视信仰建设、"自我补钙",防止走向堕落腐化,才能在新征程中走好"赶考"之路,这更生动形象地展示出理想信念以及重要性。思想政治教育隐喻话语具有润物细无声的特点,潜移默化地影响教育对象的情感。这种隐性的教育方式,在引发教育对象情感共鸣的基础上进行,避免了直接灌输和说教可能带来的抵触情绪,使教育对象在不知不觉中接受正确的情感价值观,提升情感教育的实效性。另一方面,思想政治教育隐喻话语能促进个体与社会的和谐发展。隐喻话语唤醒情感不仅体现在个体的健康成长上,还体现在促进个体与社会的和谐发展方面。通过隐喻话语的引导,理性劝诫为情感劝诫腾出"施展"空间。情感劝诫的登场潜移默化地影响教育对象,使他们在情感上自觉产生共鸣,能更好地理解社会规范和价值观念,形成积极向上的情感态度和行为习惯。这种积极的态度和行为习惯,能带动教育对象更好地融入社会,与他人建立良好的人际关系,共同推动社会的进步和发展。因此,隐喻话语情感唤醒作用在思想政治教育中具有非常重要的意义。它能搭建理性教育与情感教育的桥梁,在提升情感教育实效性的同时也能促进个体与社会的和谐发展,为培养具有健康情感、积极态度的社会公民提供有力支持。

(三)指导行动:思想政治教育隐喻话语潜移默化地影响行为

"语言和意识具有同样长久的历史;语言是一种实践的、既为别人存在并仅仅因而也为我自己存在的、现实的意识。"①语言是一种"实践的意识",集物质、意识、行为于一体,不仅能认识世界,而且能参与改变世界的实践。隐喻作为语言学中的一个重要范畴,它的存在是为了让语言更好地服务于社会发展,隐喻话语作为语言中的一部分,也具有意识、行为的功能。思想政治教育实践中隐喻话语的运用可以提升话语的感染力,教育对象在隐喻话语的感染中潜移默化地受到影响,促使教育对象对思想政治教育内容的运用及践行不自觉,进而指导行动。

"隐喻的实质就是通过一类事物来理解和经历某一事物。"②思想政治教育隐喻话语通过源域向目标域映射,在让教育对象充分理解目标域的基础上,影

---

① 《马克思恩格斯全集》第3卷,北京:人民出版社1960年版,第34页。
② 束定芳:《隐喻学研究》,上海:上海外语出版社2000年版,第29页。

响其行为。一方面,思想政治教育隐喻话语是思想转化为行动的"催化剂"。思想政治教育话语通过结构隐喻、实体隐喻、方位隐喻等三种类型的隐喻形式,将一些抽象的、陌生的事物与具象的、熟悉的事物进行映射,以具体可感的语言呈现,给思想政治教育话语注入活力,让人深刻领悟和理解,可以有效地说服、感化大众,使大众更容易接受新思想,从而达到思想解放的目的。社会大众对新的思想观念产生深刻理解后,对隐喻内容有更深层次的情感体验。深刻的情感体验对一个人潜移默化的影响也就更深刻,更能影响教育对象对思想政治教育内容本质的领悟,领悟越深,影响也即越深,用所悟不自觉地去指导实践的可能性也就越大,能进一步促进思想转变为实践的发生。另一方面,思想政治教育隐喻话语激励行为。"思想政治教育隐喻具有化陌生为熟悉的功能。"[①]在思想政治教育过程中,教育者通过运用恰切的隐喻话语,将人们陌生的内容化为熟悉的内容,通过熟悉内容的影响,潜移默化地让人们对陌生内容认识、理解,能够在无形中对人们进行思想政治教育,浸润人心、铸魂育人。有了情感上的共鸣、心灵上的洗礼后,思想政治教育话语更有震慑力、影响力,在彻底又深入的理解后,教育对象潜移默化地受到其影响,影响深刻,无形之中就会激励人们的行为。《新时代中国青年白皮书》中 29 次出现方位隐喻的词语,如"一大批由青年领衔的'独角兽企业'、'瞪羚企业'喷涌而出"。"喷涌"一词的运用,体现出青年领衔的企业有着快速发展的形势,呈现积极向好的态势,有着"向上"的情感输出。这并非偶然,而是用情带动"知意行",以看似无声但昂扬向上的语言环境引导青年的认知及行为,在社会上形成良好的向上氛围,在理性认知的同时潜移默化地影响青年自愿践行,这何尝不体现出思想政治教育隐喻话语的强大激励功能。

二、思想政治教育隐喻话语建构的现实困境

思想政治教育要为人们所接受、乐于接受,离不开隐喻话语的建构。然而,隐喻话语也有"魔法"失灵的时候,这是思想政治教育话语传播、发展的隐忧。明晰思想政治教育隐喻话语存在的问题,对提升思想政治教育隐喻话语

[①] 刘先锐:《论思想政治教育隐喻的构思过程与达意机制》,《思想理论教育》2024 年第 5 期。

效果意义深远。

(一)隐喻话语运用频次较低,思想政治教育具象化不够

思想政治教育可以说是一种精神性的活动,精神性的活动很难像自然科学那样,用精准的数据、模型和语言来表达,需要隐喻话语这种具象化的语言来陈述,反而能达到最佳的效果。但隐喻作为一种修辞手法,在语言学领域运用较为广泛,在思想政治教育领域运用还有待进一步拓展。

"由于科技文化的强势推动,逻辑的权力构成了语言的绝对权力。"[①]这里逻辑的权力指理性认识或者理性话语。现实境况是人们对于理性认识的运用甚于诗性认识,理性话语的表达多于诗性话语。思想政治教育大多以理性话语的形式呈现,隐喻话语运用较少。一方面,理性话语运用普遍,会影响隐喻话语的发展。思想政治教育理性话语的表达是主流,政治性内容的表达还需要严肃性和固定性,但是人是情感的动物,对于经常性理性话语的表达会失去耐心,这样会加深教育者和教育对象间的沟壑,沟壑越深,教育双方便难以平等交流,轻松对话,教育内容便难以深入教育对象的心中。思想政治教育理性表达占据主流,思想政治教育的隐喻话语表达难以形成大范围的运用。另一方面,隐喻话语并非能随时映射,运用较少。隐喻话语并不是直接表达,需要用源域——教育对象可感知的、易理解的来解释目标域——教育对象不好感知的、不易理解的,这一过程需要教育者拥有足够扎实的基础和良好的逻辑思维能力。不同的教育者对源域向目标域的映射有差别,运用的频次不同。大多数情况下,隐喻话语运用频次低,使用次数少,隐喻话语的影响自然也就小,对教育对象的隐喻表达影响也就小。这就会造成一种假象,思想政治教育者认为隐喻话语的作用不大,影响较小,便会越用越少,越用越少影响就会越来越小,就形成恶性循环,致使思想政治教育给人以空洞乏味、索然无味的印象,思想政治教育效果难以保证。隐喻话语的功能也便不能有效发挥,思想政治教育的具象化不足,对人思想、精神层面的教育和影响效果不佳。

(二)隐喻话语幻象,思想政治教育内容"失真"

思想政治教育隐喻话语就是对思想政治教育中蕴含的隐喻内容进行表达

---

① 张祥云:《走出人文教育的思维困境》,《高等教育研究》2003年第3期。

和理解的过程。隐喻话语通过隐喻源域与目标域的相似性而建立关联,用源域来解释目标域。可见,隐喻话语并不是直抒胸臆、直接表达,而是间接迂回,是将教育对象要理解的内容解构、编码、重组来展现的,是一种间接话语表达。隐喻话语的真实目的是助力思想政治教育内容的淋漓展现,这就容易出现教育对象理解的内容编码错误,出现偏离,所要表达的思想政治教育内容迷失,思想政治教育的本真内容难以呈现。

隐喻话语的表达具有人为性,会存在过甚其辞和词不达意的情况。过甚其辞是指隐喻话语过于夸大、夸张,超出了思想政治教育所要表达的内容。词不达意是指隐喻话语对于思想政治教育所要表达的内容模糊,隐喻不贴切、不到位,难以呈现思想政治教育的本意。不管是过甚其辞还是词不达意都会影响教育者和教育对象双方。一方面,教育者沉浸在自己所建构的过甚其辞或者词不达意的话语幻象中难以抽离,所表达的思想政治教育内容"失真"。另一方面,教育对象迷失在教育者所建构的"脱离正常轨道"的隐喻话语中,难以真正领会思想政治教育的内容。特别是在出现信息不对称的时候,教育者凭借着其掌控的信息,通过隐喻话语表达展示在教育对象面前,由于隐喻话语"脱离正常轨道",教育者对于信息的源内容表达不够妥帖,迷失在自我建造的蚕蛹中,出现了"乱花渐欲迷人眼"的现实图景,思想政治教育便进入到"失真"的境况。而教育对象又是信息的接收者,对于教育者所独有的信息或者说一手的信息保持着"有即真理"的心态,常常摒弃思辨的态度,就会沉迷于教育者呈现的脱轨的话语中难以自拔,深陷泥潭而不自知。此时,隐喻话语便脱离了其本意,遮蔽了教育者和教育对象双方,思想政治教育本身的意蕴被弱化。

(三)隐喻话语与语境割裂,思想政治教育内容被遮蔽

马克思认为:"人的本质不是单个人所固有的抽象物,在其现实性上,它是一切社会关系的总和。"①语言是随着人类的发展而产生的,与人类共生共存,譬如每个人都处在一定的社会关系中,语言也需要一定的"社会关系"——语境。在不同语境下同一语言有不同的含义,在同一语境下不同语言也有不同的含义,在同一语境中的同一语言也会因为语调等的不同而出现参差,所以语言不能孤立地存在,它需要处于一定的语境中,才能呈现其本意。

---

① 《马克思恩格选集》第1卷,北京:人民出版社2012年版,第139页。

隐喻是语言学中的一个重要范畴,是研究的重要领域,因此,隐喻话语的表达在语言表达中也较为重要。"隐喻使用的适切性与创新性在很大程度上由语境决定。"①隐喻具有语境依存性,隐喻话语也是如此。但是,隐喻话语与原语境割裂开来,便失去或者难以达到其最激烈的情感,这便不能被教育对象所感知,思想政治教育的真正意图表达便不清晰、不明朗甚至出现歪曲理解。一方面,隐喻话语孤立存在。习近平总书记指出:"理想信念就是共产党人精神上的'钙',没有理想信念,理想信念不坚定,精神上就会'缺钙',就会得'软骨病'。"②其中"钙""缺钙""软骨病"这三个词语都是进行了实体隐喻,这三个词的运用是在强调理想信念对共产党人的重要性,是在理想信念与共产党人关系的语境中运用的,在这个语境下,便能加深对理想信念之于共产党人重要性的理解,也在这一隐喻的过程中加深对理想信念的认识。但是教育者如果脱离了理想信念这个语境,单独理解或者运用"理想信念对共产党人很重要",就会失去运用隐喻话语的力度,缺乏深刻性,也不能真正明白施喻者的真实目的,而遮蔽了施喻者所要表达的真实内容或者真切情感。另一方面,隐喻话语语境舛讹。"生命是一次旅行",本体是旅行,喻体是生命,如果不将这句话放在一定说话者的语境中,便对这一隐喻有不同的答案。旅行有始有终,旅行的途中也有好有坏,所以,不放在一定的语境中,对于生命的理解,一种是刚刚开始,一种是快要结束,还有可能是人的一生中会有好有坏等不同的语义,隐喻话语与其特定语境分离开,隐喻话语本意就会出现差错。因此,隐喻话语需要与具体语境相关联,不能割裂开来,否则思想政治教育难以达意。

三、思想政治教育隐喻话语建构的实践进路

思想政治教育隐喻话语虽然能具象化某一概念,增强思想政治教育的实效,但是现实中思想政治教育隐喻话语仍存在问题。可以看到,问题主要存在于隐喻话语本身及施喻者身上。因此,破解思想政治教育隐喻话语的困境,既需要着眼隐喻话语本身,努力优化思想政治教育隐喻话语,也要立足于施喻者

---

① 黄华新、周祥:《隐喻表达的语境依存性探究》,《山西大学学报(哲学社会科学版)》2024年第2期。
② 《习近平谈治国理政》第1卷,北京:外文出版社2018年版,第44页。

的素质,确保隐喻话语的建构与运用能够满足思想政治教育本身发展规律的要求,为思想政治教育提质增效。

(一)提质与增效:强化施喻者素质

苏联教育家苏霍姆林斯基指出:"语言是一种最精细、最锐利的工具,我们的教师应当善于利用它去启迪学生们的心扉。"①思想政治教育隐喻话语是精细、锐利的育人工具,要使其发挥最大作用,需要施喻者能灵活施喻。

在思想政治教育活动中,掌握和运用好隐喻话语,可以精准有效、形象生动地启发教育对象,实现情感的有效沟通。然而,为了使思想政治教育本意表达贴切,需要解码好隐喻话语,这就需要施喻者具备较高语言素质和专业素养,有较强的联想能力。一方面,夯实施喻者语言学的基础。思想政治教育是用马克思主义的科学真理教育人、培养人,教育和培养的过程并不是"哑巴式"的,而是需要用语言呈现的,所以语言运用是否得体、教育过程是否顺利,很大程度上依赖于施喻者的语言基础。磕磕巴巴、表述不清、没有逻辑的施喻者不能说是一个合格的"教师"。同时,隐喻是语言学中的一个重要研究领域,语言基础差,隐喻自然不能运用得当,思想政治教育内容一定不能淋漓呈现。开设施喻者的语言训练营、训练班,开展施喻者语言竞赛项目,进行语言思维训练等,一定程度上都可以提高施喻者的语言素质。除此之外,施喻者在正确运用隐喻话语的过程中,要自觉引导受喻者认真观察隐喻话语的源域和目标域,以及两者如何建立联系,鼓励受喻者积极寻找源域和目标域,以及两者的相似性,培养受喻者对隐喻话语的理解能力,在循序渐进的教育过程中,深刻理解隐喻话语,增强思想政治教育的实效。另一方面,要提高施喻者的思想政治教育学科的专业能力。隐喻话语的得体运用不仅需要深厚的语言学功底,还需要对专业知识有深刻的理解和见解。通过对新文件、新政策、新纲领的解读与培训,专业知识的训练与强化,进一步增强施喻者对思想政治教育内容的深度理解,提高施喻者对专业内容的领悟力和理解力,对目标域理解深刻,明白要旨后才能寻找有关联性的源域,将两者匹配起来,深刻领悟思想政治教育隐喻话语的内涵,为思想政治教育提质、增效。

---

① [苏] B. A. 苏霍姆林斯基:《怎样培养真正的人》,蔡汀译,北京:教育科学出版社1992年版,第4页。

(二) 适切与依存：注重隐喻话语及语境的构建

陈望道认为，"修辞不过是调整语辞使达意传情能够适切的一种努力"[①]。隐喻何尝不是如此，施喻时应尽可能追求隐喻话语的适切性。然而，现实中，容易出现隐喻话语与话语内容割裂的情况，思想政治教育内容便难以展现其本意。思想政治教育要想消解隐喻话语与内容的割裂，就要提升思想与隐喻之间的契合度，注重隐喻话语与语境的依存性。

第一，注意隐喻话语的适切。隐喻话语的适切性关键在思想与隐喻之间的契合度。使用恰当的隐喻更能接近本真的思想感情，增强隐喻话语的效果。一方面，教育者要使用精准的隐喻话语。虽然说是隐喻，但是隐喻也应该映射准确，不应该喻不对体，这是隐喻话语准确表达思想政治教育内容的基本要求。思想政治教育者在隐喻的过程中，隐喻要适切其表达的内容，合理选用隐喻类型，不同场景下，结构隐喻、方位隐喻、实体隐喻所达到的效果天差地别。在选好隐喻类型后要注重隐喻的用词妥帖、没有歧义，不能喻不对意、喻不达意。另一方面，教育者要随时更新隐喻话语。隐喻话语并不是一成不变的，它的适切性与思想政治教育内容息息相关，有新的思想政治教育内容的出现，隐喻话语也要跟随着新的思想政治教育内容的表达而创新，不刻板，不守旧，隐喻话语才能与思想政治教育内容更适切，增强隐喻话语的效果。

第二，注重语境的依存。语境的依存性要求教育者要把握好隐喻话语使用的规则。思想政治教育涉及大中小学、机关单位、社会群体等不同的人群和环境，也会涉及不同的教育内容，不同层次人群的认知水平、交际能力有差别，要把隐喻话语运用到位，必须充分考虑到这些，也就是充分把握好隐喻话语的语境依存性。针对不同层次人群设置不同层次、不同源域的内容，比如针对小学生，在其认知水平还有限的前提下，教育者就不能使用高于该年龄段认知能力的话语，否则隐喻话语的效果甚微。针对社会群体，教育者就增加隐喻的使用，增加具象感和生活化表达，社会大众吸收能力也会增强，达到事半功倍的效果。以上是人群不同，情境不同也应如此。教育者要运用好动态语境，随机应变，灵活隐喻，思想政治教育隐喻话语的效果便能事半功倍。

[①] 陈望道：《修辞学发凡》，上海：复旦大学出版社2008年版，第2页。

(三)融合与共生：把握理性话语与隐喻话语运用的度

语言是集科学性与艺术性于一体的,科学性的话语能够让表达更加理性,艺术性的话语能够让表达更富有美感,隐喻话语作为艺术性话语表达中的一环,具有艺术气息,富有美感。思想政治教育话语呈现中理性话语占据主导,隐喻话语运用较少,但这并不意味着我们要"静坐不管之",而是要扩大隐喻话语的运用,重视隐喻话语的影响力。同时,认清理性话语与隐喻话语的辩证关系,两者相辅相成、相互渗透,能最大限度地实现思想政治教育的理性话语与隐喻话语的功能与价值。

在中华优秀传统文化中,很多诗词歌赋对于隐喻话语的运用是屡见不鲜,如"关关雎鸠,在河之洲",用雎鸠隐喻恋爱男女,呈现出美好景象。其实古代中国对于隐喻话语的运用很长一段时间是占据主流的,但随着理性主义思潮的崛起,对隐喻话语产生了冲击,尤其在"短平快"兴起的时代,很多人往往只想接收到快捷、简短的话语,所以隐喻话语的运用也就淡于理性话语。不过,由于隐喻话语良好的映射效果,我们应该注重隐喻话语,增强思想政治教育实效。一方面,强调隐喻话语的运用。隐喻话语能够具象化思想政治教育的内容,增加思想政治教育的美感,教育者要在思想政治教育的过程中有意识地运用隐喻话语,并注意运用过程中隐喻话语表达的适切。同时,思想政治教育的各项活动也要蕴含隐喻意味,视听叙事、图像叙事中也要蕴含隐喻,呈现出多模态隐喻话语表达,表达本意及"弦外之音"。另一方面,把握好隐喻话语运用的度。任何事物的发生、发展都是按照客观规律的,不能说隐喻话语能够具象化呈现思想政治教育的内容,就只顾追求隐喻话语的运用,教育者要掌握好隐喻话语与理性话语运用的度,不能让隐喻话语消解理性话语,也不能只关注理性话语而忽视隐喻话语的作用,这就需要理性话语与隐喻话语融合共生。针对不同教育目标、教育内容、教育环境和教育对象,思想政治教育隐喻话语要有所侧重,但又融合呈现。比如,在思想政治理论课堂中,主要采用理性话语,涉及晦涩、复杂的概念或者内容时配合隐喻话语的运用,这样整堂课不失逻辑性又富有感染力。在思想政治教育日常化情境中,要适当减少理性话语的呈现,强调隐喻话语的运用,用具象性的"生活话"促进思想政治教育的"生活化",增强思想教育的感染力和影响力。

【执行编辑：李梅敬】

思想政治教育话语现代化的内涵、价值和路径

张馨元

摘　要：中国式现代化的宏观视域下，思想政治教育需要肩负起新的使命。作为一种主要运用话语进行理论说服的教育活动，思想政治教育话语的现代化成为必然之势。思想政治教育话语的现代化，是思想政治教育话语各构成要素以中国式现代化的本质要求和人的实际发展需要为规约、做出变革和超越、引领思想政治教育发展、进而推动实现人的现代化的动态演进过程。思想政治教育话语的现代化有助于破解"现代化＝西方化"的认知桎梏，推进中国式现代化的理论宣传与阐释，激发中国式现代化的主体动力。在思想政治教育话语现代化的实践路径上，要注重话语的价值性建构，实现宏观语境与微观叙事的结合；凸显话语的时代性、原创性和前瞻性，灵活运用话语表现形式以提高话语力。

关键词：中国式现代化；思想政治教育话语现代化；话语

党的二十大报告中提出了"以中国式现代化全面推进中华民族伟大复兴"[①]的历史重任。新起点新征程，中国式现代化来源于中华人民共和国成立特别是改革开放以来的长期探索和实践，具有中国特色的基本特征、价值遵循和重大意义，赋予了思想政治教育新的使命。思想政治教育是一种运用话语进行理论说服的教育活动，思想政治教育话语是言说者对言说对象

作者简介：张馨元，中央财经大学马克思主义学院博士研究生。

① 习近平：《高举中国特色社会主义伟大旗帜　为全面建设社会主义现代化国家而团结奋斗——在中国共产党第二十次全国代表大会上的报告》，北京：人民出版社2022年版，第21页。

进行政治观点、思想观念和道德规范系统教育时的语言符号实践①。思想政治教育话语是影响思想政治教育效果的重要因素,要立足于中国式现代化的宏观视域和宏伟蓝图,适应中国式现代化的发展需求,推动自身的现代化发展,才能真正担负起中国式现代化赋予的新使命,发挥好思想政治教育话语的重要作用。

一、思想政治教育话语现代化的内涵阐释

何为思想政治教育话语的现代化？学界对此尚无统一定义,现有的研究也极少对此概念进行界定。因此,可以从其上级概念思想政治教育的现代化着手考察。项久雨认为,思想政治教育现代化,就是为适应现代化的发展需要,推动思想政治教育的理念、内容、媒介等各构成要素调整、转变的过程②。李基礼认为,思想政治教育现代化是要实现理念、内容、机制、手段等要素的现代化,以适应社会现代化③。杨威、张会静从结构层面考察思想政治教育的现代化,认为这个过程实际上是思想政治教育结构形态的现代转化过程④。鲁明川、曹克亮从马克思主义人的全面发展理论视角出发认为满足人的全面发展需要是思想政治教育现代化转型的目标所在⑤。

可见,"思想政治教育现代化"的界定蕴含着适应人与社会发展和各个构成要素共同发展的意味。基于此,中国式现代化视域下思想政治教育话语的现代化,是思想政治教育话语各构成要素整体推进、动态演变和协调发展,以中国式现代化的本质要求和社会实际发展需要为规约,引领思想政治教育发展进而推动实现人的现代化的动态演进过程。

---

① 侯丽羽、张耀灿:《论思想政治教育话语的三种基本形态》,《马克思主义研究》2018年第12期。
② 项久雨:《思想政治教育现代化要素的解释之维》,《思想理论教育》2024年第2期。
③ 李基礼:《基于功能系统分析法的思想政治教育现代化探究》,《思想教育研究》2022年第6期。
④ 杨威、张会静:《思想政治教育结构形态及其现代化》,《学校党建与思想教育》2024年第1期。
⑤ 鲁明川、曹克亮:《人的全面发展视域下思想政治教育现代化论析》,《思想理论教育》2022年第1期。

（一）以思想政治教育话语各构成要素整体推进、动态演变和协调发展为特点

思想政治教育话语的现代化以这些构成要素的整体推进、动态演变和协调发展为特点，实现从传统向现代的过渡、从低层次发展向高层次发展的变化。

其一，思想政治教育话语各构成要素整体推进以实现数字化、精准化和主体化发展。首先，思想政治教育话语各构成要素实现数字化发展。以计算机的广泛应用为标志，人们已经进入了"数字化生存"的时代，在技术的作用下人们对于信息的选择和接受拥有更高的主动性和选择权。技术也改变了思想政治教育话语的传统传播、叙事和作用方式，面对"数字原住民"，思想政治教育话语要积极应变、求变，实现各构成要素的数字化发展以更好地满足现代人的需求。其次，思想政治教育话语各构成要素实现精准化发展。多样性、碎片化的网络意识形态，对传统的思想政治教育话语叙事带来极大的冲击。仅靠"大水漫灌式"的话语输出已经不能完全满足教育对象的全方位需求，尤其是作为新生代网络原住民的受教育者个性化特征十分明显，这就使得思想政治教育话语各构成要素精准化发展，主要包括了思想政治教育话语各构成要素发挥精准识别、精准定制、精准滴灌和精准评估功能。最后，思想政治教育话语各构成要素实现主体化发展。主体化发展指向的是对人自身的关切，人是思想政治教育话语的言说主体和接受主体，人对话语的接受程度、认可程度、内化程度直接影响着思想政治教育的效果。思想政治教育话语各构成要素的主体化发展，就是以人的实际发展需要为出发点和落脚点，服务于人的发展、满足人的生存需求、提高人的现代素质。

其二，思想政治教育话语各构成要素在扬弃中实现变革和超越的动态演进过程。现代化是一个不断超越自身的动态性概念，党的二十大报告在对2035年发展总体目标进行描述时用到了"大幅跃升""迈上新台阶""高水平""前列""显著增强"等表现进步、提高的词汇，擘画了"两步走"的战略蓝图，强调"到本世纪中叶，把我国建设成为综合国力和国际影响力领先的社会主义现代化强国"。可见，中国式现代化是一个动态的、向好向上向前的过程。人作为中国式现代化建设中的重要力量，人的思想状况处在不断发展变化进程中，客观上需要思想政治教育话语动态调整以符合人的实际情况、实现思想政治

教育的预期目标。总体上来说,就是思想政治教育话语各构成要素与中国式现代化发展和人的发展同向而行,在过程中进行动态调整,不断针对新问题、新变化、新需求,在不断的扬弃中变革与超越自身。

其三,思想政治教育话语各构成要素以"要素共同体"的形式达成协调发展。思想政治教育话语是一个由多要素构成的复杂系统,探讨思想政治教育话语的现代化要注重其各个构成要素的协调发展,不能将其视为某一个狭义的、孤立的要素数量级增长现象。首先,各构成要素之间是"牵一发而动全身"的关系,彼此相互影响。例如,中国式现代化的时代背景更新了思想政治教育话语的话语语境,话语语境变了,话语内容也会随之发生变化,连带着话语形式、话语交往等构成要素也会发生变化。其次,各构成要素密不可分,协调发展才能发挥更好的作用。思想政治教育话语的整体现代化需要其各个构成要素实现现代化,各个构成要素在这一过程中不是以单一元素的身份,而是以"要素共同体"的形式协调发展,整体推进。任何单一要素的过于超越或落后的发展都会带来思想政治教育话语系统内部的紊乱和失衡。

(二)以中国式现代化的本质要求和社会发展实际需要为基础

中国式现代化的本质要求涉及面广、针对性强,宏观上对如何实现中国式现代化,如何以中国式现代化助推中华民族的伟大复兴、达成"两步走"的战略目标提出了客观要求与行动指南。思想政治教育话语只有体现中国式现代化的本质规定性,实现自身内生型现代化发展自觉,才能为中华民族伟大复兴的全面推进培养高素质、强能力的现代人。在中国式现代化的宏观视域下,思想政治教育话语的现代化作为其中的一个微观领域,也必须顺应现代化的整体趋势与整体要求,以中国式现代化的本质要求作为规约和导向,即思想政治教育话语的现代化不仅要符合每一条规定,而且要能够促进每一条规定的实现。

马克思主义认为,语言是意识的外衣,语言归根到底是社会实践的产物。因此语言的发展受制于社会的发展。思想政治教育话语的现代化要突出"当代性",符合"当下时态"的社会发展需求,顺应时代发展,符合社会需要,那么,一方面,思想政治教育话语要针对社会发展进程中出现的新问题、新要求进行动态调整,做出及时的解决与回应。这主要表现在针对社会发展中可能出现的各种思想问题和社会事件引发的舆论舆情,思想政治教育话语要及时进行思想引导、对事件进行学理性阐释,以引导正向舆论。另一方面,思想政治教育话语要基于社会发展吸纳话语资源,贴合人们不断发展的话语需要。思想政治教育话语在中国式现代化的背景之下,要秉承传统精神之要义顺时而动,聚合时代之精髓,抓住时代之主题,反映时代之要求,体现时代之特征。依据话语变革的内在逻辑,在理论阐释和现实关怀方面继往开来,不断适应社会发展的需求。

(三) 以引领思想政治教育的发展进而推动实现人的现代化为目标

现代化是一场人与社会共同面临的全面而深刻的变动,习近平总书记指出:"现代化的本质是人的现代化。"[①]可以说,实现人的现代化是思想政治教育话语现代化的核心宗旨与最终目标。而达成这一目标,则是依靠以思想政治教育话语的现代化引领思想政治教育发展来实现的。

首先,思想政治教育话语的现代化能够引领思想政治教育的发展。话语立于时代变迁的潮头,在某种意义上成为反映社会实践发展苗头的风向标。作为思想政治教育学科理论建设的重要内容之一,思想政治教育话语具有建构性,从建构主义的角度看,思想政治教育话语转译建构功能是思想政治教育过程中把抽象的话语、理论性强的话语、学术术语转化成为人们家喻户晓、通俗易懂的话语,从而达到交往的目的[②]。这种建构性为以思想政治教育话语引领思想政治教育提供了可能。在中国式现代化的视域下集中体现为:现代化实践不断创作、塑造、补充、更新着思想政治教育话语,促成了话语构成诸要素的现代建构。现实实践对思想政治教育话语的建构使其拥有更灵敏的嗅觉,能够触摸时代脉搏、立足现代化进程、喊出时代先声,进而以自身的现代化引领思想政治教育的发展。

其次,以思想政治教育话语的现代化引领思想政治教育发展进而推动实现人的现代化。人的现代化从目标层面去理解,就是人能够适应并推动现代技术和现代社会发展,思维和观念达到相对先进的水平,符合现代化的标准。人现代化的核心就是人素质系统的现代化,包括了人的身体素质、心理素质、能力素质、智力素质、思想政治素质等多方面素质的现代发展。在人的素质系

---

① 中共中央文献研究室编:《十八大以来重要文献选编》(上),北京:中央文献出版社2014年版,第594页。
② 邱仁富:《思想政治教育话语的基本结构和功能》,《思想政治教育研究》2011年第5期。

统发展中,最重要的就是思想政治素质的发展,这直接决定了一个人的发展方向,思想政治素质对其余各个素质起到了导向与规约的作用,直接影响到个人的价值判断与行为外化。因此,为了实现人的现代化的最终目标,最重要的就是实现人的思想政治素质的现代化。而思想政治教育话语的现代化能够引领思想政治教育的发展,思想政治教育一直以提高人的思想政治素质、使人的思想政治素质符合国家与社会发展的需求为己任。在这种中国式现代化的本质是人的现代化、话语引领的可能性与思想政治教育的任务性三重作用下,思想政治教育话语的现代化引领思想政治教育的发展进而推动实现人的现代化这一必然的目标。

二、思想政治教育话语现代化的价值意蕴

在中国式现代化的进程中,思想政治教育话语的现代化是立于时代背景之下的必然趋势。思想政治教育话语的现代化有助于破解"现代化＝西方化"的认知桎梏,推进中国式现代化的理论宣传与阐释,激发中国式现代化的内生动力。

(一)破解"现代化＝西方化"的认知桎梏

话语,是意识形态的表达形式,在其本质上是"占统治地位的物质关系在观念上的表现"①。回顾世界现代化发展史,西方国家一直凭借发达的生产力享有控制国家社会舆论传播的主导权,致力于按照自己的标准构筑话语规则,按照自己的需要炮制世界议题。要破解长期形成的"现代化＝西方化"的认知桎梏,思想政治教育话语的现代化是一个重要的手段。首先,思想政治教育话语本身具有的批判功能,是其能够与这种错误的思想作斗争的基础。面对这种可能存在并影响人们的错误认知,思想政治教育话语能够为人们答疑解惑,批判错误思想,传递正确的价值观念。其次,思想政治教育话语的现代化符合中国发展的客观需求,能够讲好中国式现代化的理论。思想政治教育话语的现代化立足于中国式现代化的背景,站稳中国式现代化价值立场,能够讲好中国式现代化理论,提高中国式现代化理论的可理解性、可接受度和传播度,充

---

① 《马克思恩格斯全集》第3卷,北京:人民出版社1979年版,第34页。

分彰显中国式现代化理论的竞争力和引领力,摆脱"西方中心论"的话语体系,走向新时代的"话语自主"。

(二) 推进中国式现代化的理论宣传与阐释

习近平指出:"中国式现代化为人类实现现代化提供了新的选择。"①党的二十大报告中提出了"中国式现代化"的概念,体现了党在现代化道路问题上的创新突破,在实现社会主义现代化上掌握了历史主动,总体建构起了中国式现代化的理论体系和话语体系,为中国式现代化的理论宣传与阐释奠定了基础。

首先,思想政治教育话语的现代化能够挖掘利用中国现代化进程中的话语资源,扩充理论宣传与阐释的载体。我国的现代化始于19世纪中西方文明的初次碰撞,在百余年的现代化进程中,话语一直是阐明理论、凝聚共识、激发斗志的重要工具。从毛泽东时期的"星星之火,可以燎原""东方不亮西方亮,黑了南方有北方",一直到党的十八大以来的"江山就是人民,人民就是江山""扣好人生的第一粒扣子",这些朗朗上口的话语无疑都成为思想政治教育话语的重要资源。习近平总书记指出:"要加快构建中国话语和中国叙事体系,用中国理论阐释中国实践,用中国实践升华中国理论。"②思想政治教育话语的现代化,在立足于中国式现代化道路的动态演进过程中不断吸纳话语资源,挖掘这些话语资源中蕴含着的宝贵价值内核,为中国式现代化理论的宣传语阐释提供丰富的话语载体。

其次,思想政治教育话语的现代化通过实现各构成要素的超越与变革符合人的实际需要,提高中国式现代化理论的宣传与阐释的针对性和可接受性。毛泽东在《论持久战》中指出,我们"不是将政治纲领背诵给老百姓听,这样的背诵是没有人听的;要联系战争发展的情况,联系士兵和百姓的生活"③。这句话的意思是针对不同的听众,要将抽象的理论性话语转化为联系实际情况、联

---

① 习近平:《高举中国特色社会主义伟大旗帜　为全面建设社会主义现代化国家而团结奋斗——在中国共产党第二十次全国代表大会上的报告》,北京:人民出版社2022年版,第16页。

② 中共中央宣传部、中华人民共和国外交部:《习近平外交思想学习纲要》,北京:人民出版社、学习出版社2021年版,第87页。

③ 《毛泽东选集》第2卷,北京:人民出版社1991年版,第481页。

系人民生活、符合人民需要的话语形式,变成他们喜闻乐见的、通俗易懂的话语。在推进中国式现代化理论宣传与阐释的进程中,思想政治教育话语担负着让世界读懂中国式现代化、让中国人民了解中国式现代化的重要使命。针对不同的话语受众,话语构成各个要素需要进行适应性调整。思想政治教育话语的现代化以话语构成各个要素的超越与变革,对中国式现代化的理论做出针对性的回应、阐释、解码,将理论外化呈现给每一个人,为人们更加深刻地认识中国式现代化提供理论层面的话语保障,推进中国式现代化的理论宣传与阐释。

(三)激发中国式现代化的主体动力

人是推动实现现代化的主体,是决定性和创造性的力量,是最活跃的要素。人首先是现代化的目的,中国式现代化是以人民群众的根本利益和人的全面发展为目的的。人也是推进中国式现代化进程的重要力量,是中国式现代化的主体动力。现代人是具有现代知识、现代观念、现代思维方式和现代行为方式的人。教育、引导人自觉将自己所具有的知识和技能应用于中国式现代化的建设中,调动、激发他们的主观能动性以提高现代化建设质量水平,是思想政治教育在中国式现代化视域下的重要任务。其中,思想政治教育话语扮演着重要的角色,思想政治教育的话语交往是主体与客体之间进行沟通与对话的方式,不仅传递着教育的内容,也连接主体与客体之间的情感关系。思想政治教育话语的现代化是能够凝聚共识、鼓舞人心,感召激发人的主体性,唤醒人的自主性,赋予中国式现代化以生生不息的动力。

首先,思想政治教育话语的现代化能够凝聚共识。在中国式现代化的漫漫征程中,思想政治教育话语要发挥好理论阐释、凝聚共识的功能,与中国式现代化同向同行,能够满足社会不断发展所提出的要求。思想政治教育话语的现代化立足于中国式现代化的视域下,以中国式现代化道路及其历史成就和现实实践为基础,将话语的生成视野回归到中国式现代化道路的探索中,通过教育者对中国式现代化理论的解读,对其中蕴含的宏大设计的剖析,对价值观的梳理,消除个体对于中国式现代化的理论认知和现实感知之间的迷思。通过思想政治教育话语的现代化,输出中国式现代化"人民至上"的价值理念,让中国式现代化的理论与主体的经验认知更加契合,让主体对中国式现代化的理论产生认同感与信任感,将这些内容内化于心,吸收、内化进自己的价值体系之内,达成对于中国式现代化的共识。

其次,思想政治教育话语的现代化能够鼓舞人心。思想政治教育话语除了需要让受教育者明晰中国式现代化的理论、达成价值共识之外,还需要感召、激发他们的主观能动性,即引导受教育者自觉将自己的知识与技能应用于推进中国式现代化建设当中。一个人是主动还是被动地去做某件事,做事的态度是认真还是松散,都直接决定了完成的速度快慢和质量高低,以人为主体推进中国式现代化的建设亦是同理。话语,具有感召人心的力量。纵观中国的现代化进程,中国共产党以"建设有中国特色的社会主义"为核心命题,逐渐形成了以"建设话语""改革话语""复兴话语"为主题的主流话语①。这些话语凝练了党的政治主张,阐释了党的初心与使命。思想政治教育话语为团结人民提供话语保障,为理论诠释提供话语外衣,为凝聚情感提供语言力量。思想政治教育话语的现代化,借助其构成要素例如话语内容与形式的转换,能够激起人们心中情感的涟漪。恰当的话语输出方式与内容呈现,能够激发起受教育者"听话"的积极性,产生灵魂的共鸣与情感的共振。思想政治教育话语的现代化,能够将个体的奋斗目标引导到为国家发力、为社会做贡献上来,成为合格的社会主义建设者与接班人。

三、思想政治教育话语现代化的路径探析

思想政治教育话语的现代化,就是思想政治教育话语系统的各个构成要素为了适应现代化的发展需要,实现自身的更新升级、调整转变,主要包括了理念革新、语境并重、内容扩容和形式更新。

(一) 理念革新:注重思想政治教育话语的价值性建构

话语本身所具有的情感沟通性和中国式现代化对"人"的关注使得思想政治教育话语要注重意义性与价值性的建构。在最底层逻辑上,思想政治教育话语中的政治类、宣传类等意识形态类型的话语构成其内核。然而,以我国主要矛盾的转变为标志,中国式现代化中"物的全面丰富和人的全面发展"和"人

---

① 刘爱玲、袁峰龙:《中国共产党思想政治教育话语主题的发展历程、经验及启示》,《思想理论教育导刊》2023年第12期。

类文明新形态"等蕴含人类对自身存在价值与意义的哲学性与反思性的思考，要求思想政治教育话语作为联结教育者与受教育者的情感桥梁，能够教育、引导受教育者关照自身，努力实现人的全面而自由的发展。因此，思想政治教育话语发展需要逐渐从话语政治化的角色中游离出来（思想政治教育话语不能简单地理解为依附于政治话语），从纯粹的工具理性中摆脱出来，进而逐渐形成自己的话语体系和理论体系，凸显思想政治教育话语的工具理性和价值理性[①]。理念的革新是思想政治教育话语其他要素现代化的前提与基础，"育人"的本质功能使得思想政治教育要借鉴哲学、艺术、心理等多学科的智慧，汇聚多学科话语，为人们建构安身立命之所与身心同栖的精神家园。在中国式现代化的刚性道路建设中发挥语言的柔性功能，引导人追求人生的意义，实现人生的终极关怀。

（二）语境并重：实现宏观语境与微观叙事的结合

在中国式现代化的宏大叙事背景与长线发展视域下，思想政治教育话语一方面要立足于现代化发展的潮头，适应大背景、大趋势的需要，另一方面也要注重对具体的人的关注，关注人的情感世界与个体需要，立足现代化的人本向度。复杂而感性的内心世界是影响人话语表达的基础，话语的表达与接受都要受到人情绪、感情等感性认识的牵制。在时代背景变化的前提下，利益的多元冲突、意识形态的交相争斗、个性化诉求的纷繁复杂都会冲击思想政治教育话语的语境。思想政治教育话语的语境需要更多关注微观叙事，才能关切人的真实诉求与内心情感世界。

这就要求思想政治教育话语实现宏大叙事与微小叙事的结合。在基于国家发展、民族复兴的宏大叙事下，引导全体人民凝聚社会共识、团结人民力量的同时，关注个体生存境遇和发展状况，关注人的内心世界，在物化的世界中寻求人性的回归。转变叙事方式，从微观语境下依据个体感受进行针对性的教育引导，引导个体遵循、落实集体性的规则与逻辑。

（三）内容扩容：凸显话语的时代性、原创性和前瞻性

中国式现代化为思想政治教育提供了丰富的教育资源和话语资源，思想

---

① 邱仁富：《思想政治教育话语研究：现状、问题与发展》，《思想理论教育》2014年第9期。

政治教育话语要根据时代和实践的发展需要进行内容扩容。避免思想政治教育话语"新瓶装旧酒"的落后、重复现象出现,避免滞后于社会的发展和人们的需求,就要根据人们的需要和个体话语特点进行话语内容扩容。

首先,话语内容要凸显时代性。现代化进程的实践发展为话语内容的扩充提供现实素材与内生动力,当前我国正处于实现中华民族伟大复兴的关键时期,理论的创新能够为思想政治教育话语的发展注入活力,中国实践将上升为中国理论再外化为中国话语。思想政治教育话语要立足于中国现实扩充内容体系,贯通历史与现实、中国与世界,以科学系统的话语来回答时代之问、世界之问、人民之问。

其次,话语内容要凸显原创性。中国式现代化有基于自己国情的中国特色,思想政治教育话语要注重原创内容的产出,才能区别于其他国家的话语体系。要凸显中国式现代化的特性,就是要聚焦于中国式现代化的实践,形成具有鲜明特征的话语。"习近平文化思想""两个结合""新质生产力"等话语要及时吸纳到思想政治教育话语体系中来。

最后,话语内容要凸显前瞻性。中国式现代化的进程不是一蹴而就的,是一个长期奋斗的过程。人,是实现现代化目标的关键因素,人的思想政治素质的不断提高是中国式现代化按期实现发展目标、规划未来发展道路的关键。因此,思想政治教育话语一方面要有普适化的内容,适应当前人的发展需要,另一方面也要根据现代化的战略目标,高瞻远瞩,以具有前瞻性、战略性、长远眼光的内容来引领人的未来发展。

(四)形式更新:灵活运用新的表现形式,提高话语力

大数据、人工智能等新科技正在影响人们看待世界、认识世界与改造世界的能力。得益于技术的发展,思想政治教育话语的表现形态与表达方式有了更多样化的选择,实现了"因事而化、因时而进、因势而新"。

首先,灵活运用思想政治教育话语的图像叙事,提高话语阐释力。话语的图像叙事具有较强的感染力和吸引力,图像叙事能够辅助思想政治教育活动的开展,通过感性直观直接映射到人们的感官中,在较短的视觉停留中传达更多的信息。中国式现代化的理论体系复杂庞大,如果单以传统的文本叙事来阐释理论,一方面对受教育者的逻辑思考能力和信息处理能力提出了较高的要求,另一方面也会给受教育者带来较高的认知负荷。因此,以图像叙事辅助

解答中国式现代化的理论,在适当的地方插入图片,利用思维导图,能够帮助受教育者直观理解理论内容,快速把握理论的逻辑架构,提高了话语的阐释力。

其次,灵活运用思想政治教育的隐性话语,提高话语渗透力。思想政治教育的隐性话语是将主导意识形态融入多样化的载体中,融入日常生活的方方面面,达到"润物细无声"的效果。例如《觉醒年代》《长津湖》等影视作品,把抽象严肃的社会主义核心价值观转变为相对柔性、简洁含蓄的隐喻表达;每年国庆,微博话题"我和我的祖国"都会登上热搜,凝聚了主流价值观,提高了话语感染力;网络热门短语"来世还生种花家""飞机再也不用飞两遍"等话语,并没有生硬灌输主导意识形态,却增进了价值认同、促进了价值内化。

最后,灵活运用思想政治教育的共性话语,提高话语传播力。话语要跟每一个个体都息息相关,体现某些共同价值和共同期盼。"全人类共同价值""一带一路""人类文明新形态""江山就是人民,人民就是江山"等共性话语脍炙人口,既体现了党和国家的人民立场,又展现出一个有担当、有责任的国家在世界舞台上承担历史使命、关注人类命运。这些话语,切实让人们体会到党和国家从所有人的需要与期盼出发,一切为了人民,为了人民的一切,也展现了中国对全人类生存与发展的关注,向世界传播中国声音。

【执行编辑:李梅敬】

新时代思想政治教育话语互构探微

王升臻

摘 要：思想政治教育话语属于思想政治教育中介范畴，是思想政治教育中介系统的重要构成要素，也是教育者与教育对象在思想政治教育实践过程中不断互构的结果。思想政治教育话语互构有其深刻的理论依据，社会存在决定社会意识说明思想政治教育话语是一个不断生成的过程；个人与社会的互构是思想政治教育话语互构的理论基础；教育者与教育对象是思想政治教育话语互构的实践主体。但是由于受传统教育理念的影响，以及思想政治教育学科建设的不足，教育对象作为思想政治教育主体的地位始终难以得到学界的普遍认可。在具体实践中，教育对象只是学习和配合教育者的主体，而不是与教育者平等交流、相互影响的主体，思想政治教育话语权始终属于教育者。因此，转变教育理念，创新学科体系，尊重教育对象的主体地位，就成为推动思想政治教育话语互构的重要路径。

关键词：思想政治教育话语；教育者与教育对象；互构；生成

从思想政治教育学科建设视角看，思想政治教育话语主要分为思想政治教育理论话语与思想政治教育实践话语。思想政治教育理论话语是指思想政治教育理论研究者"以我国实际为研究起点，提出具有主体性、原创新的理论观点，构建具有自身特质的学科体系、学术体系、话语体系"[①]，是思想政治教育理论研究者之间交流与沟通的中介或桥梁。思想政治教育实践话语是联结教

作者简介：王升臻，博士，淮阴师范学院马克思主义学院副教授。
① 《习近平谈治国理政》第2卷，北京：外文出版社2017年版，第342页。

育者与教育对象之间的中介或桥梁,是教育者为了实现思想政治教育目的、运用一定思想政治教育话语与教育对象交流互动的言语符号系统。思想政治教育理论话语与思想政治教育实践话语密切相关,思想政治教育理论话语是对思想政治教育实践话语的系统化和理论化,思想政治教育实践话语是思想政治教育理论话语的具体化和实践化。思想政治教育话语关系着思想政治教育学科建设与思想政治教育实践活动质量的高低。因此,加强新时代思想政治教育话语互构研究是推动思想政治教育学科建设和思想政治教育实践活动高质量发展的必由之路。

长期以来,无论是思想政治教育理论话语,还是思想政治教育实践话语,都存在着重视思想政治教育主体的话语权、忽视思想政治教育对象的话语权。尤其是思想政治教育实践话语,常常无视教育对象的话语权,陷入教育主体一言堂的状况,从而严重制约着思想政治教育实践活动的效果。正如毛泽东同志批评不少文艺工作者所犯的错误,他们不懂群众的语言,对人民群众的丰富的生活的语言,缺乏充分的知识,"许多文艺工作者由于自己脱离群众、生活空虚,当然也就不熟悉人民的语言,因此他们的作品不但显得语言无味,而且里面常常夹着一些生造出来的和人民的语言相对立的不三不四的词句"[①],导致教育者在教育对象面前,把自己的资格摆得越老、越像个"英雄"、越要出卖这一套,教育对象就越不买教育者的账。可见,思想政治教育话语建构不应只是教育者单方的,而应是教育者与教育对象双方互构的过程。

一、新时代思想政治教育话语互构的内涵

近年来,思想政治教育话语研究日益受到学界的普遍重视,无论是学术研究领域,还是实践活动领域,思想政治教育话语创新已成为学界的共识。但是思想政治教育学科是一个具有中国特色的学科。在思想政治教育学科40年的发展历程中,思想政治教育话语严重滞后于思想政治教育学科发展,"这个滞后在很大程度上制约了思想政治教育学科自身的发展,毕竟任何一个学科,

---

① 《毛泽东选集》第3卷,北京:人民出版社1991年版,第850—851页。

如果不能建立自身的话语体系,那么其学科发展就难以获得话语权"①。尽管思想政治教育话语研究起步较晚,但是近年来,学界关于思想政治教育话语内涵的研究也取得了一些成绩。

(一) 思想政治教育话语的内涵概述

思想政治教育话语的内涵是我们研究思想政治教育话语逻辑前提。近年来,学界关于思想政治教育话语的内涵,主要有以下三种观点。

第一,符号说。人不是生活在一个单纯的物理世界之中,而是生活在一个符号世界之中,德国哲学家恩斯特·卡西尔"把人定义为符号动物"②,符号化的思维和符号化的行为是人类生活中最富有代表性的特点,换言之,人与人的互动离不开符号。英国社会学家安东尼·吉登斯认为,"所谓符号,就是指涉或代表其他事物的某物"③,是携带意义的感知。符号的用途是表达意义,有符号才能进行意义活动。话语通常被认为,是"指特定语境下的言语使用,或者说,特定语境下的语篇"④。基于此,学界把思想政治教育话语理解为思想政治教育语言或语言符号系统。洪波认为,思想政治教育话语就是"思想政治教育工作者在思想政治教育实践中,遵循一定的话语规范、规则和规律,并通过一定的方式表达出来的指向一定思想政治教育目的的言语符号系统"⑤。

此外,符号说除了语言符号说之外,还有一种社会符号说,即把思想政治教育话语看作是一种传播和交往方式。袁芳认为:"思想政治教育话语是思想政治教育者引导人们认同一定社会的思想观念、政治观点、道德规范过程中的语言实践运用。"⑥

第二,载体说。思想政治教育话语被等同于教育者开展思想政治教育实

---

① 邱仁富:《思想政治教育话语研究:现状、问题与发展》,《思想理论教育》2014年第9期。
② [德]恩斯特·卡西尔:《人论》,甘阳译,上海译文出版社1985年版,第34页。
③ [英]安东尼·吉登斯,菲利普·萨顿:《社会学》,李康译,北京:北京大学出版社2021年版,第99页。
④ 施旭:《什么是话语研究》,上海:上海外语教育出版社2017年版,第2页。
⑤ 洪波:《思想政治教育话语范式转换研究》,杭州:浙江大学出版社2012年版,第47页。
⑥ 袁芳:《思想政治教育话语创新论的马克思主义审视》,北京:中央编译出版社2018年版,第45页。

践所运用的载体,是承载、传播和表达思想政治教育内容的载体和媒介。孙其昂认为,"思想政治教育是思想政治教育系统要素之一,属于思想政治教育介体范畴"①,是教育者与教育对象之间以语言作为媒介传递的意义系统,是思想政治教育的有效载体,也是影响思想政治教育实际效果的决定因素。

第三,系统层次说。思想政治教育话语被看作是一个由不同要素所构成的系统。吴琼等人认为,思想政治教育话语是包括党的宣传机构、行政管理者的权力话语,思想政治教育理论研究者的理论话语,思想政治教育实践工作者的工作话语的系统②。

总之,近年来,学界围绕着思想政治教育话语的内涵,从不同视角展开了较为深入系统的研究。虽然观点各异,但是他们都有一个共同的特点,即从教育者的视角,单方面对思想政治教育话语进行深入阐述。即使有个别学者意识到思想政治教育话语是"教育者和受教育之间的实践话语",并把它界定为"在一定社会主导意识形态支配下,教育者和受教育者遵循一定的语言规范、规则和规律,并在特定的话语语境里,用来交往、宣传、灌输、说服以及描述、解释、评价、建构思想政治教育内容和主体间思想观念、价值取向和行为表征的言语符号系统"③。但是,学界忽视了一个事实,即思想政治教育话语不是既定事实,而是处于连续变化的过程之中。在思想政治教育互动过程中,教育者与教育对象不仅使用已有的常规思想政治教育话语,而且还不断地创造新的思想政治教育话语。因此,探讨思想政治教育话语互构就成为新时代思想政治教育话语研究的重要趋向。

(二)思想政治教育话语互构的基本内涵

思想政治教育话语是教育者与教育对象交流、沟通和互动的中介,但是思想政治教育话语不是既定的事实,而是教育者与教育对象在互动过程中,不断互构的结果。人与人的互动不是简单的自动行为反映,而是一个创造性的互构过程,包括创造意义的符号。基于此,我们认为,思想政治教育话语不是教育者单方面的建构,而是教育者与教育对象的互构过程。因此,思想政治教育

---

① 孙其昂:《思想政治教育现代转型研究》,北京:学习出版社2015年版,第282页。
② 吴琼、纪淑云:《马克思主义大众化语境中的思想政治教育话语变革》,《求实》2010年第10期。
③ 邱仁富:《思想政治教育话语论》,上海:上海交通大学出版社2013年版,第28页。

话语互构的内涵应包括以下几个方面。

第一,思想政治教育话语是生成的、动态的,而不是静态的既定事实。思想政治教育话语是在思想政治教育活动过程中逐渐生成的,"从发生学的角度看,思想政治教育话语必须在思想政治教育活动过程中才能产生,这是思想政治教育话语出现的根源。没有思想政治教育实践,也就不存在思想政治教育话语"①。在现实生活中,部分教育者认为,思想政治教育本质是政治性,思想政治教育话语必然也是政治话语,于是一部分教育者就坚持"用单一化的政治话语替代其他类型的话语",造成思想政治教育话语出现高度同质化,这一点鲜明地表现为在政治话语的导向下,思想政治教育的学科话语、学术话语以及工作话语清一色地唯文件论、唯政治论,丝毫体现不出话语的多样化与丰富性"②,丝毫不考虑根据不同社会群体的要求,创新和运用符合特定社会群体要求的话语体系。"随着对外开放不断扩大、社会主义市场经济的深入发展,我国社会经济成分、组织形式、就业方式、利益关系和分配方式日益多样化,人们思想活动的独立性、选择性、多变性和差异性日益增强。"③这就意味着不同社会群体的话语是不一样的,教育者要根据教育对象的特点,在与教育对象的互动过程中,选择和创新符合特定教育对象的话语,才能使得思想政治教育实践活动产生良好的互动,取得良好的思想政治教育效果。

第二,思想政治教育话语是双方的、互构的,而不是单方的创造与运用。思想政治教育话语是沟通教育者与教育对象的"桥梁",为此,很多学者将思想政治教育话语看作是"在教育者和受教育者双方之间不断沟通的载体",是教育者与教育对象交往的手段。它是以语言符号系统的形式传递着彼此之间的情感、价值和意义,成为人与人相互交流沟通的纽带。"语言是思想政治教育最重要的中介,没有健康、灵活语言的思想政治教育是会被时代淘汰的"④,只有运用互动灵活的思想政治教育话语,教育者与教育对象之间的交往才能正常有序,充满生机。否则,教育者与教育对象之间就会产生交流障碍,甚至会

---

① 邱仁富:《思想政治教育话语论》,上海:上海交通大学出版社 2013 年版,第 30 页。
② 孙其昂:《思想政治教育现代转型研究》,北京:学习出版社 2015 年版,第 292 页。
③ 本书编写组:《中华人民共和国学校思想政治理论课重要文献选编》下册,北京:人民出版社 2022 年版,第 1111 页。
④ 金林南:《思想政治教育学科范式的哲学沉思》,南京:江苏人民出版社 2013 年版,第 64 页。

出现相互冲突和矛盾。以语言为主体的思想政治教育话语是教育者与教育对象在思想政治教育实践互动过程中共同创造的符号系统,而不是教育者单方的创造与运用。

第三,思想政治教育话语是实践话语与理论话语的统一。思想政治教育实践话语是在思想政治教育实践过程中,在教育者与教育对象之间交流互动基础上,双方互构的思想政治教育话语。思想政治教育理论话语指国家这一教育主体在实施思想政治教育实践过程中、根据自身发展需要、不断创新思想政治教育话语体系的过程。思想政治教育实践话语是一定时期统治阶级思想观念、政治观点和核心价值的反映。统治阶级思想的传播与灌输必然离不开一定的思想政治教育实践话语。因此,思想政治教育实践话语的使命之一就是客观准确地描述统治阶级的思想政治教育内容,"思想政治教育话语从本质上说就是表达执政党政治统治意志的符号系统,反映出执政党自身的执政理念与心态"①。思想政治教育理论话语与实践话语相互作用,相互影响,共同构成了思想政治教育话语体系。

二、新时代思想政治教育话语互构的依据

作为一种以语言为主的符号系统,思想政治教育话语的建构不是随意的,它的互构是有着一定的规律和客观依据的。思想政治教育话语互构的依据,从宏观上讲,是社会存在决定社会意识;从中观角度上讲,是思想政治教育基本矛盾;从微观角度上看,是教育者与教育对象的交往。三者分别从不同的角度,决定了新时代思想政治教育话语互构的发展。

(一)宏观依据:社会存在决定社会意识

思想政治教育话语作为教育者与教育对象之间以语言作为媒介传递的意义系统,从本质上讲,它属于社会意识的范畴。马克思主义认为,社会存在决定社会意识,"意识在任何时候都只能是被意识到了的存在,而人们的存在就是他们的现实生活过程"②。思想政治教育话语的创新与发展背后的根本动力

---

① 孙其昂:《思想政治教育现代转型研究》,北京:学习出版社 2015 年版,第 296 页。
② 《马克思恩格斯文集》第 1 卷,北京:人民出版社 2009 年版,第 525 页。

依然是社会的发展,"'精神'从一开始就很倒霉,受到物质的'纠缠',物质在这里表现为振动着的空气层、声音,简言之,即语言。语言和意识具有同样长久的历史;语言是一种实践的、既为别人存在因而也为我自身而存在的、现实的意识。语言也和意识一样,只是由于需要,由于和他人交往的迫切需要才产生的①"。意识从最初开始就是社会发展的产物,只要人类社会存在,意识就是这种产物。

社会存在是在不断变化发展的,思想政治教育话语必然也会随着社会存在的变化发展而不断变化。中华人民共和国成立以来,思想政治教育话语由"革命宣传"向"巩固政权"转变,思想政治教育话语以服务政治为第一要务。毛泽东同志明确提出,"政治工作是一切经济工作的生命线"②,思想政治教育话语自然要围绕着新政权的巩固与发展的需要进行创新与运用,思想政治教育话语带有明显的"政治色彩","思想和政治又是统帅,是灵魂"③。中华人民共和国成立初期,思想政治教育话语具有政治色彩,但是并未完全政治化。改革开放以来,随着我国社会生活的主题由以往的"阶级斗争"转变为"以经济建设为中心","党的思想政治教育话语分别以'解放思想、实事求是'、建设'有中国特色的社会主义'、建设社会主义'和谐社会'、中华民族伟大复兴'中国梦'为标志性概念形成体系。"④

由上所述,社会存在决定社会意识的基本原理是思想政治教育话语创新与发展的重要依据,"创新发展思想政治教育话语体系是适应外部环境和内部条件深刻变化的必然要求"⑤,就是立足我国社会实际、遵循思想政治教育话语建构规律、不断创新与运用的过程。这也充分说明思想政治教育话语不是固定不变的,而是在实践中不断生成与发展的。

(二) 中观依据:思想政治教育基本矛盾

思想政治教育话语属于思想政治教育系统要素之一,属于思想政治教育

---

① 《马克思恩格斯文集》第 1 卷,北京:人民出版社 2009 年版,第 533 页。
② 《毛泽东文集》第 6 卷,北京:人民出版社 1999 年版,第 449 页。
③ 《毛泽东文集》第 7 卷,北京:人民出版社 1999 年版,第 351 页。
④ 高鑫:《改革开放以来中国共产党思想政治教育话语体系的发展历程与基本经验》,《思想教育研究》2019 年第 7 期。
⑤ 万成:《中国共产党思想政治教育话语体系的百年探索:历程、逻辑与展望》,《中国矿业大学学报》(社会科学版)2021 年第 4 期。

介体范畴,思想政治教育话语转型是思想政治教育系统现代化发展的必然要求。思想政治教育系统发展与转型的基本动力来源于思想政治教育基本矛盾。当前,学界普遍认为,思想政治教育基本矛盾可以表述为,"一定社会发展的要求同人们实际的思想品德水准之间的矛盾"①。思想政治教育基本矛盾贯穿思想政治教育始终,推动着思想政治教育的不断发展与转型。思想政治教育基本矛盾是思想政治教育发生的起点和发展的动力。

在现实生活中,人们的思想政治素质与一定社会发展的要求总是存在着一定的差距,难以达到完全一致,这就是思想政治教育基本矛盾。思想政治教育就是要帮助和引导人们逐渐缩小这一差距,化解两者之间的矛盾,使两者趋于协调。但是随着社会的变化发展,社会会不断提出新要求,教育对象的思想政治素质也会出现新情况,两者之间的旧的平衡被打破之后,又会出现新的不平衡即新的矛盾,为化解新的矛盾,又对思想政治教育提出了新要求,如此循环往复,推动着思想政治教育系统不断发展变化。

思想政治教育基本矛盾的变化发展又会影响和制约思想政治教育系统其他要素的变化发展,"作为思想政治教育系统的要素,思想政治教育话语的变化必然受制于思想政治教育整体性的变化"②。党的十八大以来,"中国特色社会主义进入新时代,我国社会主要矛盾已经转化为人民日益增长的美好生活需要和不平衡不充分的发展之间的矛盾"③,14亿人民的温饱问题已经解决,我国已全面建成小康社会,"人民美好生活需要日益广泛,不仅对物质文化生活提出了更高要求,而且在民主、法治、公平、正义、安全、环境等方面的要求日益增长"④。广大人民群众物质和精神生活需求的变化,必然会对思想政治教育提出新要求,推动思想政治教育现代化发展,也必然会对思想政治教育话语创新提出新要求。正如孙其昂所言:"思想政治教育话语转型是思想政治教育要素现代转型的具体体现,其背后的动力依然是中国的现代社会转型。"⑤

---

① 陈万柏、张耀灿:《思想政治教育学原理》第3版,北京:高等教育出版社2015年版,第6页。
② 孙其昂:《思想政治教育现代转型研究》,北京:学习出版社2015年版,第282页。
③ 《习近平著作选读》第2卷,北京:人民出版社2023年版,第9页。
④ 《习近平著作选读》第2卷,北京:人民出版社2023年版,第9—10页。
⑤ 孙其昂:《思想政治教育现代转型研究》,北京:学习出版社2015年版,第282页。

（三）微观依据：教育者与教育对象的素养现状

思想政治教育话语是教育者与教育对象之间以语言为媒介传递信息的符号系统。交流与沟通是思想政治教育最基本的存在方式，而有效的沟通离不开思想政治教育话语所发挥的中介作用。思想政治教育话语是教育者与教育对象之间的桥梁，正是借助思想政治教育话语的中介作用，教育者与教育对象理解相互之间的思想、意图、观念已达到交流沟通的目的和效果。因此，思想政治教育话语作为思想政治教育载体的重要组成部分，其创新运用受教育者和教育对象整体素质的影响，"思想政治教育者自身素养及受教育者的既有知识结构影响思想政治教育载体的运用成效"[1]。

首先，思想政治教育者是思想政治教育话语创新运用的主体。思想政治教育者整体素养的高低，直接决定思想政治教育话语创新运用的效果。"思想政治教育者只有具备良好的思想政治素质、科学文化素质、身心健康素质和业务能力素质，才能在思想政治教育活动中更好地履行思想政治教育职责"[2]，才能熟练地创新运用思想政治教育话语，与教育对象进行良好地交流与沟通，不断提升思想政治教育质量。

其次，教育对象是思想政治教育话语创新运用的主体。教育对象已有的思想政治素养和知识结构同样影响思想政治教育话语的创新运用。赫尔巴特说："教育的基本观点是学生有接受教养的可能性。"[3]在思想政治教育话语的创新运用中，教育对象已有的思想政治素养和知识结构就是所谓"接受教养的可能性"。教育者借助思想政治教育话语向教育对象传递思想政治教育内容，在很大程度上不是教育者单方面所能掌控的。教育对象已有的思想政治素质和知识结构，也影响思想政治教育话语创新运用的效果。在现实生活中，不同的教育对象分属于不同的社会群体，而不同的社会群体又有自己不同的话语体系。在高校面对大学生和在农村面对农民群众，教育者运用的思想政治教育话语必然要有所区别。虽然从本质上讲，思想政治教育话语是表达执政党

---

[1] 张园园：《思想政治教育载体有效运用的困境及其消解》，北京：社会科学文献出版社2015年版，第85页。

[2] 沈壮海：《新编思想政治教育学原理》，北京：中国人民大学出版社2022年版，第288页。

[3] 张焕庭：《西方资产阶级教育论著选》，北京：人民教育出版社1979年版，第297页。

统治阶级意志的符号系统,反映执政党的执政理念,但是思想政治教育话语还应该实现"大众化"。思想政治教育话语大众化就是要运用群众喜闻乐见的方式、通俗化的语言把思想政治教育内容转化为群众的语言,贴近群众生活、贴近群众实际、贴近群众情感,使思想政治教育内容能够为教育对象所理解接受。毛泽东同志指出:"许多同志爱说'大众化',但是什么叫做大众化呢?就是我们的文艺工作者的思想感情和工农兵大众的思想感情打成一片。而要打成一片,就应当认真学习群众的语言。如果连群众的语言都有许多不懂,还讲什么文艺创造呢?英雄无用武之地,就是说,你的一套大道理,群众不赏识。"[①]思想政治教育话语创新与文艺创造一样,要熟悉教育对象的语言,教育者与教育对象交流互动的过程中,要注意熟悉和借鉴教育对象的话语体系,创新和运用思想政治教育话语,才能实现良性的互动,从而提高思想政治教育质量。

总之,教育者与教育对象都是思想政治教育话语创新的主体,教育者与教育对象的思想政治素质与知识结构对思想政治教育话语创新都具有重要影响。教育者与教育对象在思想政治教育实践活动中是一种主体间性关系,同为思想政治教育主体,双方在交流互动过程中,共同创新思想政治教育话语体系。

三、新时代思想政治教育话语互构的困境

思想政治教育话语是教育者与教育对象在交流沟通过程中共同创新的产物。但是在现实生活中,思想政治教育话语"断裂""滞后""替代""失语"的现象时有发生,究其根源就在于思想政治教育话语创新互构还存在一定的现实困境。这主要表现在以下几个方面。

(一)思想政治教育理念滞后:重社会、轻个人

个人与社会的关系问题既是社会学的基本问题,也是思想政治教育学的基本问题。马克思认为,个人与社会的关系"是指两者互生、互动的过程,而不

---

① 《毛泽东选集》第3卷,北京:人民出版社1991年版,第851页。

是那种僵死的二元对立的关系"①。马克思关于这一思想早在一个半世纪前就已经明确提出来了:"正象社会本身生产作为人的人一样,人也生产社会。"②类似的观点,马克思、恩格斯还说到,历史创造了人,人创造了历史;环境创造人,同样,人也创造环境。人不断地产生社会关系,社会关系也不断地产生作为社会关系总和的人。这个根本观点,与当今流行于欧洲的建构主义思潮的根本观点——社会与个人是相互建构的,社会结构是个人行动的条件和前提,而个人行动又产生新的社会结构——相比较,是何等相似,"个体不是简单地被大范围的社会经济变迁所摆布,而是创造性地适应它们"③。在社会学领域,个人与社会的关系问题贯穿于社会学的各个层次和各个方面,是每个社会学家都在自觉不自觉地解决的问题,定义社会学的对象或侧重社会,或侧重个人,都离不开两者的关系问题。

个人与社会的问题不仅是社会学的基本问题,也是揭示人的本质和思想政治教育本质的重要范畴,在一定意义上规定着思想政治教育的存在与发展。长期以来,思想政治教育一直存在着侧重社会、忽视个人。

首先,思想政治教育基本矛盾表述重社会、轻个人。从思想政治教育发生与发展的过程来看,社会和个人之所以需要思想政治教育,根本原因就是人的实际思想品德表现,总是同一定社会发展所提出的思想品德要求存在不同程度的差距。为了推动社会的发展,促进人们适应社会生活的要求,就需要思想政治教育帮助人们接受社会倡导的思想观念、政治意识、道德规范,从思想和行为两个方面逐步缩小与社会要求之间的距离。思想政治教育基本矛盾的这一表述,明显把个人与社会之间的关系静态化,侧重社会,忽视个人对社会结构的能动作用。所以,在思想政治教育过程中,个别教育者以"布道者"自居,高高在上,很少顾及教育对象的感受,在思想政治教育话语创新与运用的过程中,更难以去考虑教育对象的话语体系。

其次,思想政治教育本质表述重社会、轻个人。思想政治教育本质是思想政治教育学科建立的基础,有什么样的思想政治教育本质观就有什么样的思想政治教育实践活动。长期以来,学界普遍认为:"历史和现实中的思想政治

---

① 郑航生:《社会学概论新修》,北京:中国人民大学出版社2013年版,第14页。
② 《马克思恩格斯全集》第42卷,北京:人民出版社2016年版,第121页。
③ 安东尼·吉登斯、菲利普·萨顿:《社会学》第8版,李康译,北京:北京大学出版社2023年版,第28页。

教育本质,都是一定社会意识形态的教育和灌输。"①思想政治教育学科经过40年的发展,坚持思想政治教育的灌输本质,对于思想政治教育学科的发展具有重要的理论意义和现实意义。刘书林认为,根据列宁提出的灌输论,依据当今社会新的实际,可以把思想政治教育的本质确定为坚持主流意识形态的主导和灌输。应该说,自思想政治教育学科建立以来,思想政治教育灌输本质观就一直存在,且在学界长期占据主流观点,这一观点的理论依据主要是马克思、恩格斯在《德意志意识形态》一文中所提出的"统治阶级的思想在每一时代都是占统治地位的思想"②。基于此,思想政治教育就成为阶级统治的意识形态工具,教育者就成为传播统治阶级思想内容的"主体中介","教育者是统治阶级的代言人"③。

(二)思想政治教育的教育对象主体地位有待进一步提升

思想政治教育话语互构的前提是教育者要认可教育对象的主体地位,教育者只有认可教育对象也是主体,才能够在思想政治教育实践活动中,尊重教育对象的主体地位,与教育对象一起建构思想政治教育话语体系。

主体与客体是哲学领域一对重要范畴,所谓主体就是指从事实践活动和认识活动的人,客体是人们实践活动和认识活动的对象。在思想政治教育领域引入主客体思想之后,学界普遍认为,"思想政治教育过程是教育者根据一定社会的思想品德要求和受教育者的思想品德形成与发展规律,对受教育者施加有目的、有计划、有组织的教育影响,促使受教育者产生内在的思想品德矛盾运动,以形成社会所期望的思想品德的过程。在这个过程中教育者是主体,受教育者是客体。"④之后,随着思想政治教育学科建设的不断深入,虽然也有学者提出教育对象也是主体,"教育者、教育对象都是积极的主体"⑤的主体论。此外,还有学者提出"双主体说",从施教过程来说,教育者是主体,教育对

---

① 郑永廷:《思想政治教育学原理》第2版,北京:高等教育出版社2018年版,第81页。
② 《马克思恩格斯文集》第1卷,北京:人民出版社2009年版,第550页。
③ 邵献平:《思想政治教育中介论》,北京:中国社会科学出版社2007年版,第48页。
④ 张耀灿、陈万柏:《思想政治教育学原理》,北京:高等教育出版社2001年版,第88页。
⑤ 刘振忠:《军队思想政治教育学》,济南:黄河出版社2000年版,第257页。

象是客体;从受教过程来说,教育对象是主体,教育者是客体,双方的影响作用是双向的,分别构成互为主客体的两个认识活动循环圈。还有学者提出了另外一种"双主体说",即主体间性思想政治教育。张耀灿认为:"思想政治教育主体观仍然存在单主体性的问题,并且教育者在多大程度上尊重受教育者,这个'度'难以把握,要解决这个弊端,必须把受教育者看作是与教育者一样的平等的主体,建构起'主体(教育者)—客体(教育资料)—主体(受教育者)'的模式。"①

近年来,在理论研究上,学界部分学者虽然已经意识到教育对象也是思想政治教育的主体,但是在实践工作中,教育对象的主体地位仍然没有很好地落实到位,所以在思想政治教育过程中,很少有教育者会与教育对象共同建构思想政治教育话语体系,思想政治教育话语创新往往成了教育者单方面的选择与运用。在高校思政课堂上,由于受各种现实条件的制约,有不少思政课教师根据教材要求,对学生采取"灌输"式的理论教育,学生需求被忽视,更谈不上与学生互构思想政治教育话语。

(三)思想政治教育话语互构的动力不足

思想政治教育话语形成的机制分为"自下而上的运行机制和自上而下的创新机制"②。推动思想政治教育话语互构,必须要促进思想政治教育话语两种机制协同运行。但是在现实生活中,两种机制运行不均衡,且存在脱节现象,从而影响思想政治教育话语创新。

首先,自下而上的运行机制内部互动不畅。所谓自下而上的运行机制是指教育者与教育对象在思想政治教育实践中、通过有效的良性互动、共同建构思想政治教育话语体系的过程。思想政治教育话语互构的前提是教育者与教育对象之间要实现有效、良性的互动。只有在有效、良性的互动过程中,思想政治教育话语互构才能实现。在现实生活中,随着智能手机和网络的快速发展,教育者与教育对象之间交流沟通的渠道已经非常的快速和便捷,但是教育者与教育对象之间的互动,仍然停留在各种事务性的互动上,心与心之间的交流与沟通依然很少。不少教育者难以走入教育对象的内心深处,教育对象也

---

① 张耀灿等:《思想政治教育学前沿》,北京:人民出版社2006年版,第357页。
② 邱仁富:《中国特色思想政治教育话语权建构》,《学术论坛》2015年第8期。

不愿意向教育者敞开心扉。双方缺乏有效的交流与沟通,思想政治教育话语互构自然也就谈不上了。

其次,两种机制相互脱节。由于自下而上的运行机制内部互动不畅,所以严重制约着思想政治教育话语创新。为了提高思想政治教育效果,这时自上而下的创新机制就自然而然地活跃起来。自上而下的创新机制是指国家这一教育主体在实施思想政治教育活动中,根据自身发展需要,不断创新思想政治教育话语体系的过程。一方面,国家这一思想政治教育主体,为了满足自身统治发展的需要,提高思想政治教育效果,具有强烈的创新思想政治教育话语的动力;另一方面,由于自下而上的运行机制内部的教育者与教育对象之间缺乏有效的良性互动,从而导致思想政治教育话语互构的动力不足。两种思想政治教育话语建构的机制运行不对称,从而导致两种机制之间存在脱节,进而使得创新思想政治教育话语的动力只能靠国家的单方面推动。

四、新时代思想政治教育话语互构的路径

新时代思想政治教育话语互构是一个系统工程,既需要创新教育理念,重构思想政治教育理论体系,又需要在实践中,加强教育者与教育对象有效的良性互动,在此基础上,推动两种机制之间的良性运行与融合。

(一)树立个人与社会互构的理念,为思想政治教育话语互构奠定理论基础

作为人文社会科学的重要组成部分,思想政治教育学科建设既有自身意识形态的独特性质,也要遵循一般人文社会科学建设的基本规律。正确处理好个人与社会关系,是思想政治教育理论体系创新发展的关键。长期以来,思想政治教育一直坚持以马克思主义理论为指导,但是由于学界对马克思主义理论的认识还存在一定的分歧,因此,思想政治教育理论体系创新发展必须要以完整准确的马克思主义理论为指导。

个人与社会的关系是马克思主义社会学的重要范畴,马克思在19世纪就明确指出个人与社会之间是一个相互建构的过程。社会结构是个人行动的前提,个人又推动社会结构不断发生变化。虽然思想政治教育学具有强烈的意

识形态性,要维护统治阶级的意识形态,但是个人与社会之间的互构过程,不会因为思想政治教育学的意识形态性而发生改变。因此,新时代思想政治教育学理论体系必须要在个人与社会之间是互构关系的基础上,才能从根本上克服长期以来思想政治教育重社会、轻个人的现象,推动新时代思想政治教育学理论体系的高质量发展,思想政治教育话语创新才能实现突破。

思想政治教育基本矛盾和思想政治教育本质是思想政治教育学的立论基础。思想政治教育基本矛盾是一定社会发展需求与个体思想政治素质相互建构之间的矛盾,两者相互作用,相互影响,共同推动社会不断向前发展。基于此,我们认为,虽然思想政治教育本质是坚持主流意识形态引导和灌输,但是主流意识形态建构并非统治阶级单方面的事情,而是在与广大人民群众有效互动的基础上,建构社会主流意识形态的。可见,只有从理论上讲清楚思想政治教育基本矛盾和思想政治教育本质的内涵是什么,思想政治教育学其他基础理论建设才能取得实质性的进展,才能推动思想政治教育理论体系高质量发展,也才能在实践中,为党和国家开展行之有效的思想政治教育实践活动,为教育者指明正确的方向,思想政治教育实践活动才能取得实效,思想政治教育话语互构创新也才能有实质性的成效。

(二) 尊重教育对象的主体地位,推动思想政治教育话语互构

教育对象作为思想政治教育主体,绝不只是学习思想政治教育的主动性和积极性,而是与教育者地位平等、相互影响、相互作用的主体。只有把教育对象看作是思想政治教育主体,才能真正推动教育者与教育对象之间的思想政治教育话语互构。

长期以来,学界普遍认为,教育者是思想政治教育的组织者,对思想政治教育话语的创新与运用,拥有绝对的话语权。教育者在创新和运用思想政治教育话语时,只要能够选择教育对象喜闻乐见的话语就是对教育对象的尊重,就能够提高思想政治教育效果。但这样做还是远远不够的。当前,虽然学界也认为要尊重教育对象的主体地位,但是学界对教育对象主体地位的理解存在一定程度的偏差。很多学者把思想政治教育分为教和学两个方面,教育对象只是学的主体,不是教的主体。发挥教育对象的主体性就是充分调动教育对象学习和参与思想政治教育的积极性和主动性而已。这种观点表面上看,似乎是已经在尊重教育对象的主体地位,实际上依然没有把教育对象看作是

与教育者平等地位的主体,只是配合教育者开展思想政治教育的参与者而已。

我们认为,所谓教育对象的主体地位,就是指教育对象与教育者都是思想政治教育主体,两者之间相互影响、相互作用,共同以提高自身的思想政治素质为目的,彻底打破那种区分不同主体地位的"创新观念",让教育者与教育对象能够平等地交流互动。只有如此,教育者才能真正深入到教育对象的现实生活之中,了解教育对象的内心想法,与教育对象展开交流与沟通,才能真正了解教育对象的话语,用教育对象的话语来传递思想政治教育内容,建构思想政治教育话语体系。

(三)创新机制,激发思想政治教育话语互构活力

思想政治教育话语创新只有理论上的转变教育观念、尊重教育对象的主体地位是不够的,还要落实到实践中去。因此,推动教育者与教育对象之间展开有效的良性互动,促进思想政治教育话语运行两种机制之间的协调是思想政治教育话语互构的关键。

首先,改革评价机制,促进教育者与教育对象有效的良性互动。思想政治教育评价机制是思想政治教育实践的"指挥棒",有什么样的思想政治教育评价机制,就有什么样的思想政治教育实践。党的二十届三中全会明确指出:"完善立德树人机制,推进大中小学思政课一体化改革创新,健全德智体美劳全面培养体系,提升教师教书育人能力,健全师德师风建设长效机制,深化教育评价改革。"[1]建立科学合理的思想政治教育评价机制,搭建教育者与教育对象真心交流互动的平台,使得教育者与教育对象之间愿意交流,能够交流,为思想政治教育话语互构提供机制保障。

其次,创新运行机制,推动两种话语机制的协调运行。自下而上的运行机制主要是一种实践创新机制,其核心是教育者与教育对象之间能够开展有效的良性互动。自上而下的创新机制主要是一种理论创新机制。如何推动两种机制实现协调运转是思想政治教育话语互构的关键。思想政治教育实践话语是思想政治教育理论话语的创新转化,同时,思想政治教育理论话语又是思想政治教育实践话语的创新升华。只有密切两者之间协调运行,才能使思想政

---

[1] 《中共中央关于进一步全面深化改革 推进中国式现代化的决定》,《人民日报》,2024年7月22日。

治教育实践既能传递党的最新理论成果,又能贴近群众实际,提高思想政治教育效果。思想政治教育理论话语也能够根据思想政治教育实践需要,创新属于思想政治教育学科所特有的话语体系,避免生搬硬套其他学科的话语体系,从而推动思想政治教育学科话语体系的自主创新。

综上,思想政治教育话语创新是一个不断生成的过程,是教育者与教育对象在思想政治教育实践过程中不断互构的产物。只有思想政治教育实践话语不断创新互构,思想政治教育理论话语创新才能获得丰富的材料来源,从而不断丰富思想政治教育话语体系,更好地指导思想政治教育实践并转化为思想政治教育实践话语。

【执行编辑:李梅敬】

思政课话语体系建设

新时代高校思政课话语体系转换的内涵及实践理路*

张国启　朱振宇

摘　要：新时代高校思想政治理论课话语体系转换，既是有效提升思想政治理论课育人效果的重要途径，也是落实立德树人根本任务的应有之义，反映了持续增强思想政治理论课实效的创新发展趋势。新时代高校思想政治理论课话语体系转换必须坚持政治性、符合自洽性、凸显时代性。在高校思想政治理论课话语体系转换过程中，需要直面话语关系转换的主导性问题、话语内容转换的平衡性问题、话语形式转换的有效性问题、话语语境转换的契合性问题。通过构建主导性与主体性相统一的平等话语关系、丰富理论性与生活化相协调的优质话语内容、探索统一性与多样性相结合的有效话语形式、营造同频共振且充满情感力量的融洽话语语境，推动高校思想政治理论课话语体系转换与发展，切实增强高校思想政治理论课的针对性与实效性。

关键词：新时代；思想政治理论课；话语体系；实效性

高校思想政治理论课话语体系，主要指话语主体为实现思想政治理论课教学目标，在引导学生接受党和国家要求的思想观念、政治观点、道德规范中所建构并运用的语言符号及表达方式所构成的有机整体。随着社会经济的发

作者简介：张国启，华南理工大学马克思主义学院副院长、教授、博士生导师；朱振宇，华南理工大学马克思主义学院硕士研究生。

* 本文系广州市社科规划基金项目"以党的自我革命引领社会革命研究——基于全面建设社会主义现代化国家新征程的实践效应维度"（2023GZYB08）和华南理工大学基本科研业务费重大项目培育项目"网络文明建设中我国的政治安全研究——基于维护国家政权安全、制度安全、意识形态安全三维向度分析"（ZDPY202402）的阶段性成果。

展和人们生活方式的转变,高校思想政治理论课话语体系必须及时吸纳党的创新理论最新成果,不断调整出学生爱听、能懂、愿行的言说方式,在转换中坚持守正创新,从而满足学生成长的需求和期待。习近平总书记指出:"思政课是落实立德树人根本任务的关键课程,思政课作用不可替代,思政课教师队伍责任重大。"①话语体系承载着思想政治理论课的基本内容与思想表达,话语体系的转换或创新直接关系到思想政治理论课作用的价值实现,进而影响德智体美劳全面发展的社会主义建设者和接班人的培养效果。新时代高校思想政治理论课话语体系转换,既是有效提升思想政治理论课育人效果的重要途径,也是落实立德树人根本任务的应有之义。

一、新时代高校思想政治理论课话语体系转换的内涵解读

话语体系,指的是由言语实践的构成要素以特定方式联系而构成的具有一定结构和功能的言语活动整体。话语体系转换,主要强调"在原有的话语体系中增添新话、改进作用方式,而不是推倒重建"②,是在言语活动本质要求不变的情况下,言语实践构成要素的状态或形式发生变化,并引发言语活动整体发生变化的过程,具有相互性。从广义上看,高校思想政治理论课话语体系转换是高校思想政治理论课言语活动整体遵循思想政治工作规律、教书育人规律、学生成长规律的科学发展过程,反映了持续增强高校思想政治理论课实效性的创新发展趋势。从狭义上看,高校思想政治理论课话语体系转换是其构成要素自身变化及其相互联系的整体运动过程,包括话语主体的关系转换、话语内容的转换、话语形式的转换、话语语境的转换等,在教学实践中主要体现为"学科话语向教材话语、教材话语向教学话语、学术话语向生活话语的转化"③。这一狭义角度理解更加关注高校思想政治理论课话语体系内部话语内容及话语形式之间的转换过程,凸显了话语本身的变化,鉴于高校思想政治理论课话语体系的建构性、发展性、开放性特征,应当注重从整体性、方向性上对

---

① 习近平:《思政课是落实立德树人根本任务的关键课程》,《求是》2020年第17期。
② 侯惠勤:《马克思的意识形态批判与当代中国》,北京:中国社会科学出版社2010年版,第69页。
③ 牛秋业:《高校思政课话语体系转换的原则与路径》,《现代教育科学》2017年第11期。

其转换过程的内涵加以把握。

（一）高校思想政治理论课话语体系转换是言语实践构成要素发展变化及其相互作用的整体运动过程

高校思想政治理论课话语体系是由话语主体、话语内容、话语形式、话语语境等基本要素构成的，并通过各要素之间的相互联系影响而发挥作用。可以说，高校思想政治理论课话语体系各要素内在发生转换，并通过相互联系推动形成了新的话语体系，在整体上表现为话语体系的转换。习近平总书记指出："思想政治理论课要坚持在改进中加强、在创新中提高，及时更新教学内容、丰富教学手段，不断改善课堂教学状况，防止形式化、表面化。"①这一论述既对思想政治理论课的改进与创新提出了更高的要求，也从教学内容、手段、状况等方面为思想政治理论课的改进工作指明了前进方向，对思想政治理论课话语体系转换或创新具有启发意义。新时代高校思想政治理论课话语体系转换，并不能在脑海中将其简单地视为一种整体概念的空洞存在所完成的一次或多次抽象的概念变化过程，而是要回归到思想政治理论课教学实践的具体环节中，通过对话语内容的更新和平衡、话语形式的丰富与创新、话语语境的创设和铺垫、话语主体的辩证关系把握等，从生成论视角审视作为有机整体性存在的思想政治理论课话语体系的动态运动过程。

（二）高校思想政治理论课话语体系转换是言语活动遵循思想政治工作规律、教书育人规律、学生成长规律的发展变化过程

习近平总书记指出："做好高校思想政治工作，要因事而化、因时而进、因势而新。要遵循思想政治工作规律，遵循教书育人规律，遵循学生成长规律，不断提高工作能力和水平。"②思想政治理论课话语体系转换既表现为由内部要素优化到整体创新的运动过程，也表现为其整体同外部客观规律相适应和协调的科学发展过程，必须与思想政治工作规律、教书育人规律和学生成长规律保持"同向而行"。遵循思想政治工作规律是思想政治理论课话

---

① 习近平：《思政课是落实立德树人根本任务的关键课程》，《求是》2020年第17期。
② 《习近平在全国高校思想政治工作会议上强调：把思想政治工作贯穿教育教学全过程 开创我国高等教育事业发展新局面》，《人民日报》2016年12月9日。

语体系转换的总体要求,规定着话语体系转换过程要坚持科学理论的指导和社会主义办学方向,落实好立德树人的根本任务,努力培养德智体美劳全面发展的社会主义建设者和接班人。遵循教书育人规律与学生成长规律是思想政治理论课话语体系转换的实践要求,反映为话语体系转换或创新要根植于思想政治理论课建设与发展的实践逻辑,结合社会实践发展变化和话语主体特点变化,科学认识学生的思想政治素质形成发展规律,有效把握对学生开展思想政治理论课教育教学的规律。思想政治理论课话语体系不是无根之木、无源之水,它反映了教育者的思想观念与思维方式,具有坚硬的价值内核,因而,思想政治理论课话语体系的转换过程也应当彰显思想政治教育政治性和实践性的特点。

(三)高校思想政治理论课话语体系转换反映了持续增强思想政治理论课实效性的创新发展趋势

高校思想政治理论课话语体系转换蕴含着思想政治理论课教师的价值意识,是推动新时代思想政治理论课实现高质量发展的重要环节,体现了以增强思想政治理论课实效性为目标导向的发展趋势。思想政治理论课实效性作为其话语体系转换的重要衡量标准,在一定意义上也构成了思想政治理论课话语体系转换的直接动力。从静态意义上看,高校思想政治理论课话语体系转换反映为一种发展趋势,就应当着眼于不同时期思想政治理论课话语体系下实效性水平之间的差异,即教育对象能否将思想政治理论课话语体系内化为自身的价值观念与思维方式,并外化为符合社会需要的行为和习惯的实践活动。在高校思想政治理论课教学实践中,面对教育对象的主体性和差异性,教育者只有充分发挥积极性、主动性、创造性,通过话语体系转换或创新,使话语内容的有效供给贯穿于思想政治理论课全过程、各环节,坚持以彻底的科学理论说服学生、以深刻的话语阐释启发学生、以生动的语境呈现吸引学生,促使新时代青年学生道德自我的持续生成,而时代新人的"美德形成和保持过程与统一的道德自我的生成密不可分"[1],这样才能进一步提升思想政治理论课的针对性和实效性。

---

[1] 王秀敏、潘艳民:《好人存在方式的论证与目的论的恢复——兼谈赫勒对麦金太尔道德理论的承续与展开》,《道德与文明》2023年第5期。

二、新时代高校思想政治理论课话语体系转换的原则遵循

新时代高校思想政治理论课话语体系转换是坚持合规律性和合目的性相统一的实践过程,要在准确把握守正与创新的辩证关系中牢牢坚持中国特色社会主义的办学方向,不断彰显思想政治理论课建设与发展的"理想的意图"。高校思想政治理论课话语体系需要转换与创新,但也要遵循基本原则,坚持政治性、符合自洽性、凸显时代性,着力对高校思想政治理论课话语体系的基本词汇、基本表达、基本内容,结合新时代青年学生成长的需求和期待进行阐发,使高校思想政治理论课话语体系转换有助于强化学生的"科学认知、价值认同,在理解和接受中将其蕴含的'理想的意图'转化为人们开展现实实践的'理想的力量'"①。

(一)高校思想政治理论课话语体系转换必须坚持政治性

思想政治理论课话语体系是体现中国共产党团结带领全国人民实现人民民主专政的重要载体,政治性是高校思想政治理论课话语体系转换必须坚持的首要属性与重要特征。坚持政治性的根本原则,既是我们党持续推进思想政治理论课话语体系转换得出的正确认识,也是充分发挥思想政治理论课政治引导和育人功能的现实要求。习近平总书记强调:"办好思政课,最根本的是要全面贯彻党的教育方针,解决好培养什么人、怎样培养人、为谁培养人这个根本问题。"②思想政治理论课话语作为社会主义主流意识形态的鲜活表达,其话语体系转换必须将政治性放在首位,坚持马克思主义话语的核心地位,牢牢掌握高校意识形态领导权、话语权。在当代中国,衡量思想政治理论课话语体系转换是否坚持政治性原则,关键在于转换过程中是否始终贯彻马克思主义的立场、观点和方法,是否以马克思主义为指导推进思想政治理论课话语体系转换,特别是以习近平新时代中国特色社会主义思想为指导推进思想政治理论课话语体系转换。这就要求高校思想政治理论课话语体系转换要始终坚

---

① 张国启:《马克思唯物史观叙事的视觉形象呈现及其启示——以〈路易·波拿巴的雾月十八日〉一文为例》,《马克思主义研究》2022年第11期。
② 习近平:《思政课是落实立德树人根本任务的关键课程》,《求是》2020年第17期。

持正确的政治方向,牢牢把握政治性这一根本和灵魂,着力增强话语阐释力和说服力,努力使大学生明确、认同并拥护党的政治主张,并自觉成为中国特色社会主义事业的合格建设者和可靠接班人。

(二)高校思想政治理论课话语体系转换必须符合自洽性

这里的自洽性原则,主要强调的是高校思想政治理论课话语体系转换和发展过程要符合其内在生成与运行逻辑。有学者结合理论体系的发展阐释了自洽性原则的内涵:"从静态意义上看,自洽性意味着理论在实现自身的过程中把握了实践的需要,与实践相互作用、相互改造的特殊状态,回答了理论体系具有科学性与价值引导性的动力源泉;从动态意义上看,它反映了理论体系同化其他理论信息和实现自我超越的基本过程,即在外部环境与价值理念作用下,科学地吸收新因素、不断克服不合理因素进而不断发展和超越自身的自我调节、自我完善过程。"①可以看出,自洽性原则体现了话语体系各要素的相容性与一脉相承性,它要求话语体系的转换或创新能够准确把握"内在紧张"的运动关系,既要批判地继承传统话语,又要科学地吸收新话语,从而不断破解思想政治理论课话语体系发展困境。在高校思想政治理论课话语体系转换实践中,符合自洽性原则不仅应当能够正确反映思想政治理论课的发展趋势,并揭示其发展的客观规律性,还应能够不断引领学生日益增长的精神文化需求,促进学生自由而全面的发展。

(三)高校思想政治理论课话语体系转换必须凸显时代性

恩格斯指出:"马克思的整个世界观不是教义,而是方法。它提供的不是现成的教条,而是进一步研究的出发点和供这种研究使用的方法。"②高校思想政治理论课话语体系,就是要坚持和运用马克思主义的世界观和方法论解决高校思想政治理论课"说什么"和"怎么说"的问题,其转换或创新过程必须充分彰显马克思主义与时俱进的理论品质,紧扣时代主题、把握时代脉搏、弘扬时代精神,实现引导学生正确认识世界并积极改造世界的"理想的意图"。随

---

① 张国启:《论社会主义意识形态的逻辑自洽性及其当代意义》,《马克思主义研究》2011年第11期。
② 《马克思恩格斯选集》第4卷,北京:人民出版社2012年版,第664页。

着时代发展与社会变迁,一方面,西方话语持续渗透与社会思潮暗流涌动不断抢占着思想政治理论课的话语空间,新媒体新技术的发展也重塑着话语交往与传播模式,另一方面,马克思主义中国化时代化最新成果为思想政治理论课话语转换注入源源不断的动力,新时代中国特色社会主义的伟大成就也为话语体系转换提供了坚实物质基础和强大精神力量。因而,新时代高校思想政治理论课话语体系转换,必须"放在世界百年未有之大变局、党和国家事业发展全局中来看待,要从坚持和发展中国特色社会主义、建设社会主义现代化强国、实现中华民族伟大复兴的高度来对待"[1],立足时代发展前沿,积极回应时代挑战,在批判错误话语中阐明科学真理,在守正创新中彰显时代价值。

二、新时代高校思想政治理论课话语体系转换的问题审视

马克思曾指出:"问题是时代的格言,是表现时代自己内心状态的最实际的呼声。"[2]新时代高校思想政治理论课话语体系转换的问题审视,就是要着眼于思想政治理论课话语体系各要素转换过程的科学性、有效性问题,确保话语体系转换的具体实践不走样、不变味。在高校思想政治理论课教学过程中,话语体系转换是必然的,思想政治理论课教学活动的开展过程对于教育者而言就是不断运用和调整思想政治理论课话语的过程,总是伴随着其话语体系的转换。审视话语体系转换的主要问题,不是研究转换过程存在与否的问题,也不是研究思想政治理论课话语体系是否需要转换的问题,而是深入系统地研究如何通过思想政治理论课话语体系转换或创新来提升教学效果和教学质量的问题,从而满足学生日益增长的成长需求和期待,持续增强思想政治理论课的实效性。

(一)话语关系由"独白"转向"对话"的主导性问题

高校教师作为思想政治理论课的主导者,承担着推动和促进思想政治理论课话语实践的任务。然而,随着网络信息技术的迅猛发展,当代大学生的思维方式与行为习惯受到了潜移默化的影响,他们往往不再满足于传统思想政治理论课"你说我听"的话语关系与相处模式,其话语主体意识逐渐增强、话语

---

[1] 习近平:《思政课是落实立德树人根本任务的关键课程》,《求是》2020年第17期。
[2] 《马克思恩格斯全集》第1卷,北京:人民出版社1995年版,第203页。

表达意愿显著提高,并推动着话语关系由"独白"向"对话"转变。在此基础上,一方面,个别教师习惯于强势话语的表达,拒斥由"独白"走向"对话"的话语关系转换进程。他们既担心学生因话语表达不成熟而扰乱课堂教学秩序,也担心自身在教学实践中的权威性受到挑战。在这种单向度的"独白式"话语教学中,表面上教师以绝对的话语权威捍卫了思想政治理论课的主导性地位、维护了教学话语权,实则却挤压了学生合理的话语表达空间,容易造成师生关系疏离,难以使学生对教师话语表达乃至教材文本心悦诚服,甚至使学生逐渐丧失对思想政治理论课的学习兴趣、产生逆反心理。另一方面,部分教师过度迎合由"独白"走向"对话"的话语关系转换,导致话语关系由"对话"转向"学生独白"的现象出现,造成教师主导性丧失的消极局面。在高校思想政治理论课话语实践中,无论话语关系如何调整与转换,教师都必须坚持以马克思主义为核心内容的思想政治教育主导性,始终占据主导地位、发挥主导作用。高校思想政治理论课话语关系的转换过程应当保持教师主导与学生主体之间的合理张力,而非任由学生主导教学秩序,甚至利用话语表达空间宣泄错误观点,从而避免出现背离思想政治理论课教学初衷的现象。

(二) 话语内容由"理论化"转向"生活化"的平衡性问题

思想政治理论课要实现教学目的,必须面向生活世界,解决现实问题,其话语内容应当实现由"理论化"向"生活化"的合理转换。从属性上看,思想政治理论课话语内容可以分为政治话语、理论话语和生活话语三类。这里所关注的话语内容转换问题,强调的是三种话语内容类型内在相互转换完成后,所呈现出的转换程度以及比例协调的平衡性问题。从目前来看,思想政治理论课教学的话语失衡主要表现在以下三方面:一是重政治话语而轻理论话语和生活话语。部分教师缺乏政策解读和理论转化的能力,难以对政治话语进行学理化阐释与通俗化解读,将思想政治理论课话语表现为"自我理论武装上的'观念伪饰'和社会宣传教育上的'话语空洞'"[1],导致话语内容的悬置与架空。二是重理论话语而轻政治话语和生活话语。思想政治理论课作为一种特殊的教学实践,本身具有较强的学理性和知识性,但也兼具宣传和维护主流意识形

---

[1] 任志锋、郑永廷:《当前我国意识形态领域的失衡现象及对策研究》,《教学与研究》2015年第1期。

态的政治功能与促进知行转化的实践育人功能。思想政治理论课话语实践既不能在理论探讨中模糊政治边界,也不能变成抽象概念和晦涩词句的学术卖弄而与学生生活实际相疏离,而是要在充分彰显马克思主义理论科学性与真理性的同时,引导学生自觉运用理论武装头脑以及认同和接受社会主流价值观的传播内容,使其"正确认识世界,全面了解国情,把握时代大势"①。三是重生活话语而轻政治话语和理论话语。思想政治理论课话语内容由"理论化"向"生活化"转换,本质上反映了理论宏大叙事与学生生活实际相结合的过程。需要注意的是,这种"生活化"不等同于庸俗化和娱乐化,不能为了迎合学生而削弱思想政治理论课话语的价值引领作用。因此,高校思想政治理论课的话语转换必须注重话语内容由"理论化"转向"生活化"的平衡性问题。

(三)话语形式由"静态"转向"动态"的有效性问题

随着互联网和多媒体技术的普及与应用,高校思想政治理论课话语形式不再局限于仅仅依靠教材与板书的传统的、相对静止的文本形式,而是借助多媒体课件、图像、音频、视频等多元言说形式实现由"静态"向"动态"拓展。习近平总书记指出:"思政课教师在教学中要把统编教材作为依据,确保教学的规范性、科学性、权威性,同时也不能简单照本宣科。教材给出的是教学的基本结论和简要论述,要让不同类型的学生都爱听爱学、听懂学会,需要做很多创造性工作。"②这一论述既为思想政治理论课教师进行教材文本的创造性转换提出了原则要求,也明确了话语形式转换要实现"让不同类型的学生都爱听爱学、听懂学会"的目标导向。在思想政治理论课话语形式的转换中,教师应当明确话语形式的转换只是手段,而非目的。因此,不能只注重话语形式的创新与丰富,而忽视了话语价值内核的有效性发挥。思想政治理论课教师推进话语形式由"静态"向"动态"转换时,如果不能充分考虑到其转换的有效性问题,即是否符合学生的个性特点与发展阶段、是否有效满足学生的思想诉求与现实需要、是否充分彰显话语的价值内核并实现对学生的价值塑造,就容易造成话语形式创新与内容实效发挥的本末倒置,制约了思想政治理论课的实效性发挥。

---

① 习近平:《在纪念五四运动100周年大会上的讲话》,《人民日报》2019年5月1日。
② 习近平:《思政课是落实立德树人根本任务的关键课程》,《求是》2020年第17期。

(四)话语语境由"严肃"转向"生动"的契合性问题

思想政治理论课话语实践离不开具体的话语语境,在适当的语境下进行话语交流,学生对思想政治理论课话语理解与认同程度才能更高。相较于传统思想政治理论课话语语境的单一性、规范性、严肃性特点,新时代高校思想政治理论课话语语境呈现出生动化、多元化转换趋势。高校思想政治理论课话语语境转换中的契合性,一方面表现为话语语境的转换与创设是否与话语内容本身相协调适应,另一方面则体现在话语语境转换能否实现对话双方"共境"。思想政治理论课教师作为话语实践的主导者、实施者、承担者,不仅要为思想政治理论课话语内涵的表达建构生动、优美的话语语境,还要在良性的话语语境中使学生形成对思想政治理论课话语深刻内涵的情感共鸣。列宁曾指出:"没有人的情感,就从来没有也不可能有人对真理的追求。"[1]大学生正处于情感世界丰富的人生发展阶段,既会在生动有趣、感染力强的话语语境中激发对主流意识形态的高度认同与真挚情感,也容易受到形形色色社会思潮的情感诱导与情绪煽动。如果忽视了话语语境的渲染支撑作用及其转换过程的有效契合,话语内容的表达就会变得苍白、生硬,同时也难以激发学生的参与热情和内在情感,从而影响思想政治理论课话语的针对性和实效性。因此,思想政治理论课教师必须有效利用教学空间,积极主动地为学生健康成长成才营造富有活力的精神文化氛围,创设充满人文关怀的话语语境,让学生持续产生直观感受与心理共鸣,使其主动参与思想政治理论课话语实践,实现知识学习与价值塑造。

四、新时代高校思想政治理论课话语体系转换的实践理路

高校思想政治理论课话语体系转换是推动思想政治理论课改革创新的重要途径,也是发挥思想政治理论课话语"理想力量"的有力保障。从本质上看,思想政治理论课话语体系转换"不是一个理论的问题,而是一个实践的问题"[2]。它不仅关系到话语体系各要素的优化与创新,还关系思想政治理论课针对性与实效性的提升。面对现实问题与时代机遇,新时代高校思想政治理

---

[1] 《列宁全集》第 20 卷,北京:人民出版社 1958 年版,第 255 页。
[2] 《马克思恩格斯选集》第 1 卷,北京:人民出版社 2012 年版,第 134 页。

论课话语体系转换要坚持守正创新,着力提升教学质量与水平。通过构建主导性与主体性相统一的平等话语关系、丰富理论性与生活化相协调的优质话语内容、探索统一性与多样性相结合的有效话语形式、营造同频共振且充满情感力量的融洽话语语境,在思想政治理论课话语体系要素优化中推动整体协同发展,增强思想政治理论课的"思想性、理论性和亲和力、针对性",不断促进青年学生成长为德智体美劳全面发展的社会主义建设者和接班人。

（一）高校思想政治理论课话语体系转换应当构建主导性与主体性相统一的平等话语关系

习近平总书记指出:"思政课教学离不开教师的主导,同时要坚持以学生为中心,加大对学生的认知规律和接受特点的研究,发挥学生主体性作用。"①构建主导性与主体性相统一的平等话语关系,要确保教师的主导性地位贯穿思想政治理论课话语实践始终。思政课教师作为思想政治理论课的承担者、发动者、实施者,具有主导教学过程、规定思想政治理论课话语性质及发展方向的责任与义务,应当保证教学环节中的思想碰撞与话语表达在一定的秩序范围内,确保教学计划的有序推进与教学目标的有效实现。教师主导并非意味着教师"独白",构建主导性与主体性相统一的平等话语关系,还要在坚持教师主体地位的同时树立并强化"以学生为中心"的教学理念,给予学生一定的话语空间,充分发挥学生主体的能动作用。思想政治理论课教师应当充分尊重学生的话题参与话语表达意愿,将学生视作平等的话语主体,自觉摒弃高高在上的话语姿态,积极推动单向灌输式话语向平等交互式话语转变,在构建平等尊重的话语关系中推动教学效果的实现。在主导性与主体性相统一的平等话语关系下,将思想政治理论课变成思想交流与碰撞的广阔舞台,以及由话语双方共同演绎的思想政治舞台剧。这不仅有利于激发学生的主体意向,培养学生主体的能动性与创造性,还可以通过推动良性话语关系的循环,最终实现人与社会的和谐发展。

（二）高校思想政治理论课话语体系转换应当丰富理论性与生活化相协调的优质话语内容

理论性与生活化相协调的优质话语内容,既不是对政治话语和理论话语

---

① 习近平:《思政课是落实立德树人根本任务的关键课程》,《求是》2020 年第 17 期。

的回避与舍弃,也不是同现实生活世界相脱离,忽视学生的主观体验与感受。这种优质话语内容的丰富与创新,内在反映了由本质到现象、再由现象回归本质的认识论逻辑。就话语内容本身而言,应当在形式上侧重生活化,在内涵上彰显理论性,从而在整体上实现理论性与生活化的良性互动与有机协调。在思想政治理论课话语内容转换过程中,一方面,教师要坚持从实际出发,紧密结合当代社会的现实生活与学生日常生活实际,用学生喜闻乐见的、通俗易懂的生活话语对马克思主义理论和马克思主义中国化的理论成果加以准确恰当的阐释,特别是要立足于中华民族伟大复兴战略全局和世界百年未有之大变局,用学生听得懂、听得进的话语内容,阐明习近平新时代中国特色社会主义思想的深刻内涵与实践力量,实现理论的入耳、入脑、入心。另一方面,话语内容转换不能遮蔽理论话语的独特魅力,这就要求思想政治理论课教师必须"以透彻的学理分析回应学生,以彻底的思想理论说服学生,用真理的强大力量引导学生"[①],使学生真正品尝到马克思主义理论的"原汁原味"。因此,思想政治理论课教师应当结合不同学生群体的思想水平与接受程度,实现政治话语、理论话语、生活话语之间的流畅转换与有机搭配,调和出与教育对象相适应的思想政治理论课话语的"最佳配比",在理论性与生活化相协调的过程中创新与丰富优质话语内容,实现教学效果的最优化。

(三)高校思想政治理论课话语体系转换应当探索统一性与多样性相结合的有效话语形式

思想政治理论课教材的使用具有统一性的基本要求,以文本形式为核心的教材话语表达也因此具有标准化、规范化的特点。与此同时,以大数据、人工智能为代表的信息化技术迅猛发展,不断影响和改变着当代大学生的话语表达形式和话语接受形式,推动着多样化、视觉化话语形式的生成和发展。正如美国学者尼葛洛庞帝曾前瞻性地指出:"我们已经进入了一个艺术表现方式得以更生动和更具参与性的新时代,我们将有机会以截然不同的方式,来传播和体验丰富的感官信号。"[②]新时代高校思想政治理论课话语形式的转换或创

---

① 习近平:《思政课是落实立德树人根本任务的关键课程》,《求是》2020年第17期。
② [美]尼古拉斯·尼葛洛庞帝:《数字化生存》,胡泳、范海燕译,海口:海南出版社1997年版,第262页。

新,既要因地制宜、因时制宜、因人制宜,持续探索易于学生接受的形象化、多元化话语形式,也要严格落实好思想政治理论课统一性要求,确保教材话语育人价值的有效实现。思想政治理论课教师应当不断适应时代发展和变化规律,积极运用声音、图片、视频等多种语言象征符号,将教材中相对静止与封闭的话语内容"鲜活"起来,使话语形式实现由抽象到具象、由平面到立体、由静态到动态的生动转换,通过强化学生视觉观念不断提升思想政治理论课的吸引力,其话语表达真正反映"人的需要的丰富性,是对总体的人的生命表现的需要"①。这样的思想政治理论课话语表达形式,既能有效提升学生的"抬头率",也有助于提升学生对于话语形式所传递内容的理解、接受及认同程度。因此,在话语形式的转换过程中,教师必须要正确处理好话语形式的统一性与多样性、话语形式与话语内容之间的主次关系,有效防止舍本逐末、重形式而轻内容的情况发生。

(四)高校思想政治理论课话语体系转换应当营造同频共振且充满情感力量的融洽话语语境

一般而言,一切话语实践都必须依赖于具体的话语语境,而融洽话语语境的营造能够在思想政治理论课话语的表达、传播、理解、认同过程中起到重要支撑作用。人是一种情感性的生命存在,在充满情感力量的话语语境下,思想政治理论课话语更容易走进学生的内心世界,唤醒学生的思想和情感,产生情感共鸣与思想共振,从而潜移默化地完成对学生的思想理论教育与价值引领。在营造同频共振且充满情感力量的话语语境过程中,"老师要用心教,学生要用心悟,达到沟通心灵、启智润心、激扬斗志"②,努力实现教师、学生、话语语境有序结合以及师生之间的良性话语互动。思想政治理论课教师要善于把握教学实践的"事、时、势",主动设置符合时代发展、激发学习兴趣的话语议题,吸引学生进入教师所创设的话语语境,在循循善诱中引发师生共同思考,最终实现对教育内容的一致认同。通过积极推动现代信息技术与思想政治理论课深度融合,运用虚拟现实技术打造体验式、沉浸式的话语语境,使学生能够跨越

---

① 王秀敏:《从生产范式到需要范式——兼论赫勒对马克思理论范式的解读》,《马克思主义与现实》2023年第6期。
② 《习近平在中国人民大学考察时强调:坚持党的领导传承红色基因扎根中国大地走出一条建设中国特色世界一流大学新路》,《人民日报》2022年4月26日。

时空、身临其境地感受波澜壮阔的历史场景、感悟科学理论的真理力量与实践伟力,不断增强学生话语实践的参与感、获得感,达到思想政治理论课的教学目的。新时代高校思想政治理论课话语语境的转换或创新,必须通过营造充满情感力量与人文关怀的话语语境持续增强思想政治理论课话语的政治号召力、思想动员力和行为引领力,有效推动师生间话语互动、思想碰撞和情感共鸣,在真情实感的浸润和体验中实现思想政治理论课针对性、实效性的提升。

【执行编辑:聂艳秀】

青年话语

知识、思想与价值：高校思政课教学话语内容的有效供给*

胡德平　闫　申

摘　要：教学话语内容供给和"国家—个人"需要两方面之间的供需张力构成高校思政课教学话语内容供给侧改革的总体逻辑。推进高校思政课教学话语内容的有效供给，需要强化知识性导向，以话语内容供给构建知识体系，借助标识性概念系统串联知识体系，以大历史观体现马克思主义历史视野，以时代化表达反映创新性成果；强化思想性导向，以话语内容供给启迪学生思想，用彻底的理论说服学生，用生动的事理回应学生，用真理的力量引导学生；强化价值性导向，以话语内容供给强化价值塑造，以家国情怀教育强化政治认同，以理想信念教育塑造时代新人，以使命担当教育培育奋斗精神。

关键词：思政课；教学话语；知识；思想；价值；供给

思政课是落实立德树人根本任务的关键课程。习近平总书记高度重视思政课改革创新，强调"改革创新是时代精神，青少年是最活跃的群体，思政课建设要向改革创新要活力"[①]，对学校思政课建设作出重要指示指出，"新时代新征程上，思政课建设面临新形势新任务，必须有新气象新作为"[②]，"供给侧改革"

作者简介：胡德平，上海体育大学马克思主义学院院长、教授、博士生导师；闫申，上海财经大学马克思主义学院博士研究生。

* 本文系2020年度国家社科基金高校思想政治理论课研究专项"基于大学生接受特点的思想政治理论课教学话语体系创新研究"（20VSZ065）的阶段性成果。

① 习近平：《思政课是落实立德树人根本任务的关键课程》，北京：人民出版社2020年版，第17页。

② 《不断开创新时代思政教育新局面　努力培养更多让党放心爱国奉献担当民族复兴重任的时代新人》，《人民日报》2024年5月12日。

为高校思政课教学话语内容的有效供给提供了原则和方法论依据。从思政课教学话语内容"表达"的供给侧着眼,以思想政治教育的最终目的和学生的"接受"为目标,对思政课教学话语内容进行供给侧改革,有助于创新高校思政课话语体系,实现教育供给端的转型升级,切实增强思政课教学话语针对性和实效性,提高学生对思政课的获得感。

一、供需张力：高校思政课教学话语内容供给侧改革的总体逻辑

高校思政课教学作为一种精神生产活动,是教师借由教学话语这一载体,把思想政治教育的培养目标触达学生主体。一方面,思政课教学话语内容的供给侧改革致力于激活供给侧动力;另一方面,思想政治教育的根本目标决定了高校思政课教学话语内容不仅是适应学生需求,还需要引领学生需求。鉴于此,着眼供给侧改革,从内容供给和"国家—个人"需要两方面审视高校思政课的教学话语,能够为妥善处理供需之间张力、探索高校思政课教学话语内容有效供给的策略路径提供参照和借鉴。

(一)党和国家的高度重视为教学话语内容供给侧改革提供政策指引

理直气壮加强思想政治课建设,是充分体现我国高等教育的社会主义办学方向的关键。党的十八大以来,党中央高度重视思政课建设,习近平总书记亲自主持召开学校思想政治理论课教师座谈会并发表重要讲话,在全国高校思想政治工作会议、全国教育大会等重要场合,多次就思政课建设提出明确要求,充分表明党和国家对思政课建设的高度关注。

高校思政课的目标是"培养德智体美全面发展的中国特色社会主义合格建设者和可靠接班人,培养担当民族复兴大任的时代新人"[①]。思政课"铸魂育人"使命提出的培养要求,需要高校思政课在话语内容的供给侧得以体现。中共中央办公厅、国务院办公厅印发了《关于深化新时代学校思想政治理论课改革创新的若干意见》,中共中央办公厅印发了《关于加强新时代马克思主义学院建设的意见》,教育部等部门印发了《教育部等八部门关于加快构建高校思

---

① 《教育部关于印发〈新时代高校思想政治理论课教学工作基本要求〉的通知》,http://www.moe.gov.cn/srcsite/A13/moe_772/201804/t20180424_334099.html,2018-04-26。

想政治工作体系的意见》《"新时代高校思想政治理论课创优行动"工作方案》《高等学校思想政治理论课建设标准》等。这些落实性文件同习近平总书记关于思政课的系列讲话一起,为新时代高校思政课教学话语内容的供给侧改革提供了有力依据。《关于深化新时代学校思想政治理论课改革创新的若干意见》对思政课的课程目标、课程教材体系、师资队伍建设等方面提出明确要求。这些都给思政课教学话语内容的供给指明了方向,提供了根本遵循。

(二) 社会及个人的发展需要为教学话语内容供给侧改革提供现实动力

高校是人才培养的主阵地,高校思政课改革创新最终是为培养社会主义合格建设者和可靠接班人。一方面,高校思政课是铸魂育人的关键课程,掌握着世界观、人生观、价值观这个"总开关"的"钥匙";另一方面,大学生作为思政课的需求侧,他们从自身需要出发,对于提升思政课教学的获得感也有个性化的关注和期望。

从社会需要来看,高校思政课教学理应要用反映社会现实物质关系的思想观念、政治观点、道德规范去教育引导学生。"古今中外,每个国家都是按照自己的政治要求来培养人的,世界一流大学都是在服务自己国家发展中成长起来的。"[①]人才是第一资源,国家、社会需要德才兼备的可靠之才。思政课话语作为思政课的内容载体,也必然要反映时代声音,反映国家、社会对人才培养的时代要求。

从个人需要来看,大学生中多元价值并存,需求个性化多样化。由此,思政课教学中就存在学生对于思想政治素质理论的需要与教学供给不平衡不充分之间的矛盾。一方面,学生对社会现象、理论问题等开始有自己的看法、判断、困惑,有提高思考能力的理论需求,因此对课程的期望值会水涨船高;另一方面,一些思政课教学还存在固守传统的政治话语、文本话语,在理论里打转而"对空言说"的现象,无法满足学生对现实问题的解疑释惑需要。因此,要保持思政课的针对性、实效性,需要准确感应时代脉动,根据历史条件和时代使命的变化,改进话语表达,发挥好高校思政课"主渠道"和"主阵地"的关键作

---

① 习近平:《在北京大学师生座谈会上的讲话》,北京:人民出版社2018年版,第6页。

用,培养能够在党和国家发展的事业中担当大任的新时代大学生。

(三)"两点论"与"重点论"相统一——为教学话语内容供给侧改革提供方法论依据

在思政课教学中,教师"教"与学生"学"的供需关系是贯穿于教学过程始终的主要矛盾,决定了其他矛盾的性质和发展方向。思政课教学活动供给的产品——教学话语内容,是思政课知识、思想和价值追求的载体,话语创新的目的在于更好教育引导大学生接受科学的思想理论教育,是供需矛盾中的主要方面。同时,"没有需要,就没有生产","产品只有在消费中才能证实自己是产品,才成为现实的产品"①。质言之,在供需关系中,供给或生产起决定性作用,同时需求也反作用于供给。习近平总书记指出"办好思想政治理论课关键在教师",要用好课堂教学主渠道"满足学生成长发展需求和期待",正是运用"两点论"与"重点论"相统一的全面观点,辩证说明思政课教学的相互关系。"办好人民满意的教育是实现需求侧和供给侧动态平衡的过程。"②思政课的教学话语内容供给,就是在不断回应需求的供给侧改革中力图达到供需的平衡态。质言之,思政课教学话语的供给侧改革不是一蹴而就、一劳永逸的,供给与需求之间客观存在且应该保持内在张力。作为主导的教学话语内容供给既要重视大学生多样化、差异性的复杂追求,主动了解大学生的发展诉求和美好期待;更要把握思想政治教育科学性、政治性、思想性的本质内核,在阐明大学生现实疑惑、引领大学生确立崇高理想信念过程中引领追求,从而在供需张力间加强合理的话语供给导向,不断完善教学话语内容的有效供给。

思政课是高校思想政治教育的主渠道主阵地,在培养社会主义建设者和接班人这一目标上具有不可替代的作用。这使思政课相较其他专业课及通识课有自身的特殊性,体现在知识性、思想性、价值性的高度统一:既是传授科学理论知识的公共课,又是传播科学思维方式的思想课,更是引导学生成才报国的人生课。中共中央办公厅、国务院办公厅印发的《关于深化新时代学校思想政治理论课改革创新的若干意见》明确了思政课的课程目标,给科学设置思

---

① 《马克思恩格斯选集》第2卷,北京:人民出版社2012年版,第691页。
② 教育部课题组:《深入学习习近平关于教育的重要论述》,北京:人民出版社2019年版,第182页。

政课教学话语内容、推进思政课教学话语发展指明了根本目标和价值追求：需要把学科教材话语转变为教育教学话语构建知识体系，把理论学术话语转变为实践生活话语启迪学生思想，把政治宣讲话语转变为时代信仰话语强化价值塑造。

二、构建知识体系：高校思政课教学话语内容供给的知识性导向

高校思政课的课程知识，凝结着马克思主义理论学科的思想、思维和价值观念，是"对客观事物合理的描述性体系"①。高校思政课教学话语内容供给要坚持知识性，用马克思主义的科学理论知识培养人，就必须是一个多维度知识贯通的体系，如此才能为学生树立正确的世界观、人生观、价值观提供厚重的知识基础。

（一）系统把握：以标识性概念为轴线，在介绍科学概念中搭建知识体系

高校的各门思政课围绕马克思主义基本原理、马克思主义中国化的理论成果两大基本主题，组成了互相联系的有机整体，形成了比较完整的知识体系。为帮助学生更好把握思政课教学内容的逻辑完整性，在教学话语供给上也应以系统观念，梳理、提炼马克思主义理论的标识性概念、范畴，以马克思主义理论逻辑，搭建形成符合思想政治教育规律和大学生认知规律的知识体系。

一方面，要阐释清楚标识性概念范畴，以准确的知识解读建构知识体系。"一门科学提出的每一种新见解都包含这门科学的术语的革命。"②思政课教学话语内容应该体现出马克思主义理论体系的核心要素，阐明马克思主义的标志性话语。这就要求教学话语供给充分运用系统思维，在准确阐释标识性重要范畴、核心概念、重大判断的基础上，关注供给内容上是否形成系统的知识体系，使知识供给丰富而完备；关注内容逻辑上是否遵循严整的逻辑结构，使知识供给有序而严密。通过引导学生把思政课知识内容作为一个科学的理论

---

① 郭元祥、吴宏：《论课程知识的本质属性及其教学表达》，《课程·教材·教法》2018年第8期。
② 《马克思恩格斯文集》第5卷，北京：人民出版社2009年版，第32页。

体系来进行系统深入的整体性理解和把握,避免大学生在学习中的误解、误读,避免理解上的形而上学倾向。

另一方面,要准确把握知识的递进关系,以"扬弃"的重复供给升级知识体系。对于大学生来说,思政课讲授的部分内容"似曾相识",容易产生知识疲惫,这就需要教师在教学中把知识的深浅度和系统性差别讲出来。这种知识层次上的递进关系正体现了知识体系上的逻辑升级。教学话语中标识性重要范畴、核心概念的知识供给,就是基于大学学段学生的理性思辨能力,由概念阐释上升到规律或原理归纳,进而在教学供给中形成螺旋上升的知识体系。

(二)历史视野:以大历史观为方法,在具体时空方位中标定马克思主义

大历史观把历史、现实和未来看作一个整体,回看历史前进脉络,是为在历史时空维度下把握现实的发展逻辑,从而实现具体的历史的辩证统一。高校思政课的教学内容、思维方法,正是引导学生辨别种种错误思潮、树立正确观念的锐利武器。思政课教师应坚持大历史观,在话语内容供给中加强对教学内容的历史逻辑阐释,讲清楚重要理论、标识性概念范畴的历史生成过程,在史论结合中体现马克思主义的立场、观点、方法,引导学生形成对课程内容的体系性认知。

一是还原历史情境,建构整体性的知识内容体系。根据思政课的教学目标和课程内容,用好全面翔实的史料,在真实的历史语境中以史论结合方式帮助学生建构知识内容体系。比如"马克思主义基本原理"课,要在社会主义500年的历史视野下,系统、具体、历史地分析社会主义从空想到科学、从理论到现实的发展逻辑;特别是把标志性的思想内容置于当时的时代背景和时空场域之下,以解决社会问题的意识为牵引,看清楚历史唯物主义和辩证唯物主义的科学图景,进而深化对"三大规律"的认识。

二是善用历史叙事,形成一体化的理论知识体系。如"中国近现代史纲要"课,可以根据课程内容,把课程主题主线融入中国共产党在践行初心使命中形成的精神谱系讲解中,把视野放在党史、新中国史、改革开放史、社会主义发展史的时间尺度上,在整体性视域下讲清楚、讲完整重大历史问题,以"澄清对党史上一些重大历史问题的模糊认识和片面理解,更好正本清源、固本培元"[①],更好地引

---

① 习近平:《在党史学习教育动员大会上的讲话》,《求是》2021年第7期。

导学生知史明理,领会历史和中国人民何以必然地选择马克思主义、选择中国共产党、选择社会主义道路。

三是培育正确史观,在与错误倾向的交锋中推进知识体系内化。青年大学生思维活跃,同时也是一些西方错误思潮争夺的对象。要揭示历史虚无主义、新自由主义以及消费享乐主义等思潮的错误本质,就需要将其置于具体的时代条件中,通过在历史的长时段中厘清历史事件发展的脉络走向,探析历史节点背后的生成动因,进而把握社会发展方向,分清历史的主流和本质。在洞察历史大势的致思过程中,在与其他思想理论的交流交锋中,助力思政课的知识体系内化于心。

(三)时代阐释:以时代化表达为方式,在与时俱进中反映创新性成果

"国内外形势、党和国家工作任务发展变化较快,思政课教学内容要跟上时代,只有不断备课、常讲常新才能取得较好教学效果。"①高校思政课话语体系只有源于时代发展才能具有时代气息,只有反映时代脉动才能体现时代精神。这就要求新时代高校思政课要立足"十四五"时期的历史新方位,坚持以党的创新理论育人,持续不断更新课程内容,完善知识体系。

首先,用新理论反映新时代实践。对学校思政课建设,习近平总书记明确指出要坚持"与党的创新理论武装同步推进"。思政课的教学话语内容只有因事而化、因时而进、因势而新,及时把党情、国情、世情的新情况、新判断引入进来,更新教育内容,才能提升教学的实效性、针对性。具言之,习近平新时代中国特色社会主义思想是当代中国马克思主义、21世纪马克思主义,是中华文化和中国精神的时代精华,实现了马克思主义中国化新的飞跃②。党的理论创新成果立足于新时代的历史方位,来自新时代的鲜活实践,又与马克思主义的根本立场、中国特色社会主义理论体系的学理脉络一脉相承。因此,将习近平新时代中国特色社会主义思想这一主题贯穿思政课教学过程,本身就内含着一以贯之的逻辑体系。

其次,用新话语讲好新时代思想。话语是时代的呼声。习近平新时代中

---

① 习近平:《思政课是落实立德树人根本任务的关键课程》,北京:人民出版社2020年版,第11页。

② 《中共中央关于党的百年奋斗重大成就和历史经验的决议》,《人民日报》2021年11月17日。

国特色社会主义思想源自新时代的伟大实践,其理论话语有鲜明的时代性和实践性,"以人民为中心""新发展理念""中国式现代化""人类命运共同体"等极具时代特征和中国特色的新概念新表述,充实了马克思主义中国化理论的内核,为思政课教学话语内容提供了新资源。习近平总书记发表的一系列重要讲话具有鲜明的语言特色和独特的话语风格,深受人民群众喜爱。这为思政课的教学话语内容风格提供了借鉴:思政课的教学话语需要既有鲜明的时代气息,又有浓郁的生活气息;既有独特的个性,又有普适的共性;既来自实践,又指导实践,可亲可近,可学可用①。

最后,用新技术赋能新时代教学。数字技术广泛影响人们的生产生活,所带来的"教室革命""课堂革命"也给构建思政课教学新样态提出了新要求,思政课教学要主动适应从以往单向话语"硬传播"向"软感染"的话语转向。一方面,将高校思政课的学理体系与"正在进行时"的新时代鲜活社会实践进行融合,用好新技术新载体,以富于时代感的言说方式将各类表现符号嵌入教学话语体系。另一方面,推动传统教学方式与现代信息技术有机融合。比如依托大数据技术编制知识图谱,在海量数字资源中,精准定位教学资源支撑;根据教学对象的个性化特点,针对性匹配资源供给,从而在突出教学体系性的同时区分内容难度的层次性。

三、启迪学生思想:高校思政课教学话语内容供给的思想性导向

思政课的使命任务决定了其根本属性是政治性、思想性。大学生正处于人生成长的"拔节孕穗期",在信息爆炸的全媒体时代,困扰、影响大学生理性思考的不是由信息多寡形成的"知沟",而是由判断力强弱所致的"智沟"②。高校思政课要"以透彻的学理分析回应学生,以彻底的思想理论说服学生,用真理的强大力量引导学生"③。这就要求教师在精准感知社会思想脉动和学生所思所想基础上,深化学理提炼、强化思想引导,用彻底的学理分析启迪学生、用

---

① 文秀:《纠正干部讲话"假大空长"陋习——习近平话语风格的实践意义》,《学习时报》2014年1月20日。
② 陶志欢:《当前思想政治教育质量提升困境及其应对》,《中国青年社会科学》2020年第1期。
③ 《习近平谈治国理政》第3卷,北京:外文出版社2020年版,第330页。

鲜活的社会现实引导学生、用真理的强大力量感召学生,使学生真懂理论、真信理论、真用理论。

(一)理论深度:用彻底的理论说服学生

思政课的本质是讲道理。高校思政课高质量内涵式发展,就是要把道理讲深、讲透、讲活。马克思指出:"理论只要彻底,就能说服人,所谓彻底,就是抓住事物的根本。"①"事物的根本"就是事物的本质和运行的规律。也就是说,教学话语需要能够以事物本质和规律的底层逻辑来分析现实,如此才能以"彻底的"思想理论说服学生,以"透彻的"思维逻辑解答困惑。一方面,要以严密的学理逻辑引导大学生理论思辨。高校各门思政课程内部及各门课程之间都具有较为完整的体系,具有"逻辑完备性"②。思政课话语要用思想的穿透力征服学生,可以以概念为逻辑起点,从马克思主义经典文本出发,依照其学术框架和学理逻辑,带领学生作理论推演,从起点的学术逻辑到现实的必然结果,将蕴含其中的科学原理和方法论以理论演绎的方式展现出来,从严密的推理论证中得出无法辩驳的结论,用思想逻辑的力量体现理论的科学性,使学生对基本原理、规律和经验,从"知其然"到"知其所以然",增强思政课教学的说服力。另一方面,要以壮阔的百年党史引导大学生理论自信。党的百年奋斗史,就是一部马克思主义真理的证明史。思政课要让学生听得进、听得信,要以历史和现实、理论与实践的辩证逻辑,讲清楚中国需要马克思主义、历史和人民选择了中国共产党。一方面,以社会主要矛盾和党的使命任务的历史逻辑,讲清楚党带领中国人民从新民主主义革命时期、社会主义革命和建设时期到改革开放和社会主义现代化建设新时期,从"站起来"到"富起来"的奋斗历程。另一方面,以党的十八大以来我国社会主要矛盾的重大历史性变化和马克思主义中国化时代化的最新成果,讲清楚中国特色社会主义新时代,以习近平同志为核心的党中央团结带领人民开启奋力实现中华民族伟大复兴中国梦的新征程,只有社会主义才能救中国,只有中国特色社会主义才能发展中国。

(二)实践向度:用生动的事理回应学生

思想源于实践。高校思政课要体现实效性,必然要求摆脱唯理论的教条

---

① 《马克思恩格斯文集》第1卷,北京:人民出版社2009年版,第11页。
② [德]康德:《逻辑学讲义》,许景行译,北京:商务印书馆2010年版,第38页。

主义思维,让教学话语从"象牙之塔"回归生活世界,应当"利用国内外的事实、案例、素材,在比较中回答学生的疑惑……引导学生全面客观认识当代中国、看待外部世界,善于在批判鉴别中明辨是非"①。一是把宏大叙事与生活话语联系起来,提升思想亲和力。思政课教师要恰当采用接地气的生活话语形式来承载抽象的思想理论,以直白易懂的生活话语让学生产生"通感",体悟思想真谛。例如,经济文化相对落后的国家何以率先进入社会主义,是否要退回到资本主义阶段?中国人民大学刘建军教授用"初中生跳过高中直接进入大学"的比喻来解释中国进入社会主义社会的历程是特定历史条件下的产物,也是难得的发展机遇。当中国进入社会主义后,在一些方面相对落后,所以我们从中划出一个初级阶段补补课②。这样,教学内容的思想性在生活话语转换的方式中得以体现。二是把生活世界与意义世界联系起来,提升思想引领力。"世界的哲学化同时也就是哲学的世界化。"③"世界的哲学化"要求思政课要坚持思想深度,穿透理性的迷雾,在把握生活世界的基础上,构建能够指导生活的意义世界。"哲学的世界化"则反映思政课对意义世界的重构功能,将理论话语融入叙事话语,在叙事情境中引导学生提升思想境界。因此,思政课教学话语中的生活世界应以思政课的教学目标为遵循,使教学贴近生活、贴近学生,同时不能为了迎合部分学生的娱乐化、浅表化趣味而把教学内容庸俗化。例如,教育部在国家智慧教育公共服务平台上线的"北京冬奥精神"大思政课,生动展现党领导下申办、筹办、举办冬奥过程中共同创造的北京冬奥精神,让抽象的理论在具有鲜明时代感的情境中可观可感、可亲可近,达到"世界的哲学化"与"哲学的世界化"统一。

(三)思想力度:用真理的力量引导学生

"中国共产党为什么能,中国特色社会主义为什么好,归根到底是因为马克思主义行。"马克思主义之所以"行",就在于马克思主义的科学性和革命性。提升高校思政课话语的说服力,在于把所阐释的理论思想讲清讲透,以理论联

---

① 习近平:《思政课是落实立德树人根本任务的关键课程》,北京:人民出版社 2020 年版,第 15 页。
② 丁雅诵:《中国人民大学教授刘建军——让思政课更有亲和力》,《人民日报》2019 年 4 月 11 日。
③ 《马克思恩格斯全集》第 1 卷,北京:人民出版社 1995 年版,第 76 页。

系实际、历史观照现实,尤其是立足正在进行的伟大时代变革这一时代语境,把马克思主义中国化的最新成果深度融入教学话语,在回答好中国之问、世界之问、人民之问、时代之问的过程中,体现出马克思主义理论的真理魅力。首先,人民至上的立场。"马克思主义之所以具有跨越国度、跨越时代的影响力,就是因为它根植人民之中,指明了依靠人民推动历史前进的人间正道。"①毛泽东把"为人民服务"确定为党的根本宗旨,习近平总书记指出"江山就是人民、人民就是江山",从而把人民看作江山本身。思政课教学中,以"打虎拍蝇""自我革命"等事例讲清中国共产党的"三个不代表",有助于充分彰显马克思主义政党的先进性,坚定捍卫马克思主义理论的人民立场。其次,人类解放的追求。唯物史观所深刻揭示的人类社会发展一般规律,最终指向的是对人类如何生存和实现价值的终极关怀。中国的马克思主义后继者进一步继承和发展社会主义的建设理论,把马克思主义基本原理同中国具体实际相结合、同中华优秀传统文化相结合,用马克思主义观察时代、把握时代、引领时代,坚定地以人民对美好生活的向往为奋斗目标,步履坚实地从"必然王国"走向"自由王国"。最后,时代精神的精华。我们党的理论来源于实践,始终指向当下主要的新情况新问题,在面对问题、分析问题、解决问题的过程中,不断破旧立新。党的十八大以来,以习近平同志为核心的党中央顺应时代发展大势,从理论和实践结合上深刻回答了新时代坚持和发展什么样的中国特色社会主义、怎样坚持和发展中国特色社会主义,建设什么样的社会主义现代化强国、怎样建设社会主义现代化强国,建设什么样的长期执政的马克思主义政党、怎样建设长期执政的马克思主义政党等重大时代课题,践行人类命运共同体理念,回答"世界怎么了,我们怎么办"的世纪之问,彰显了马克思主义及其中国化成果的真理品格。高校思政课教学要把马克思主义基本原理与具体实践连接贯通,在理论和现实的有机结合中向学生展现真理魅力。

四、强化价值塑造:高校思政课教学话语内容供给的价值性导向

高校思政课教学作为一种价值引领方式,承担着为党育人、为国育才的重

---

① 《纪念马克思诞辰200周年大会在京举行 习近平发表重要讲话》,《人民日报》2018年5月5日。

大任务。"我们办中国特色社会主义教育,就是要理直气壮开好思政课,用新时代中国特色社会主义思想铸魂育人。"①价值塑造归根到底就是立德树人。思政课重在塑造学生的价值观,要强化话语内容的深层价值内蕴,使话语内容对教育对象发挥预设的价值塑造作用,形塑学生内在观念,引导学生外化于行。

(一)家国情怀:强化政治认同

高校思政课的政治性是它与其他课程相区别的最显著特征,这也决定了课程理应具有鲜明的社会主义价值取向。爱国主义是中华民族精神的核心,高校思政课"要深化爱国主义教育研究和爱国主义精神阐释,不断丰富教育内容、创新教育载体、增强教育效果"②。高校思政课的教学话语创新,需要把"一言堂"的独白式话语转换为"复调式"的叙事话语,放大话语的价值性。

一方面,要在时代语境和时空比较中,坚定政治认同价值认同。"只有坚持爱国和爱党、爱社会主义相统一,爱国主义才是鲜活的、真实的,这是当代中国爱国主义精神最重要的体现。"③一方面,把脱贫攻坚、乡村振兴、成功办奥等党团结带领全国各族人民攻坚克难的故事,实事求是、生动鲜活地融入思政课教学,教育引导广大青年学生从党的百年奋斗重大成就和历史经验中领悟爱国主义精神,树立"听党话跟党走"的坚定信念。另一方面,世界百年未有之大变局加速演进,思政课教师应以开阔的视野做好比较文章,以"世界怎么了""人类向何处去"为问题意识,用中国全过程人民民主对比西方"一次性民主"等国际比较,引导学生认识"东升西降"趋势,通过教师课堂上"讲清楚",促成学生头脑中"想明白",在平视世界的眼界中增强对中国之治的认同。

另一方面,要传承发扬中华优秀传统文化,铸牢中华民族共同体意识。习近平总书记指出:"5 000多年来,中华民族之所以能够经受住无数难以想象的风险和考验,始终保持旺盛生命力,生生不息,薪火相传,同中华民族有深厚持

---

① 习近平:《思政课是落实立德树人根本任务的关键课程》,北京:人民出版社2020年版,第23页。

② 《大力弘扬伟大爱国主义精神 为实现中国梦提供精神支柱》,《人民日报》2015年12月31日。

③ 中共中央文献研究室编:《习近平关于社会主义文化建设论述摘编》,北京:中央文献出版社2017年版,第129页。

久的爱国主义传统是密不可分的。"①一方面,坚持马克思主义立场,讲清楚个人与共同体(国家)的生成与确证关系,引导学生把个人"小我"融入祖国和人民"大我"中来,将个人发展与国家富强相结合,捍卫国家主权、维护国家利益。另一方面,中国的发展离不开世界,也需要从不同文明中汲取智慧。爱国主义教育需要守正创新,在拓宽国际视野的同时,正确认识和理解我国统一多民族国家的基本国情,把热爱祖国与维护民族团结结合起来,把个人成长与国家前途结合起来。

(二)理想信念:塑造时代新人

理想信念是指引青年大学生前行方向的北斗星、路向标。习近平总书记指出:"青年的理想信念关乎国家未来。青年理想远大、信念坚定,是一个国家、民族无坚不摧的前进动力。"②在世界多极化的大趋势下,思政课教学要加强理想信念的价值引导,帮助大学生摆脱只从自身角度、从理想状态的角度来认识和理解世界,进而筑牢信仰之基,补足精神之钙,让大学生成为堪当民族复兴重任的时代新人。

要坚定社会主义和共产主义理想。新时代青年坚定中国特色社会主义理想和共产主义远大理想,建立在对马克思主义真理的信仰之上。一方面,要带领学生从党史、新中国史、改革开放史、社会主义发展史,看清中国共产党与中国人民休戚与共,以磅礴伟力改变世界,让中华民族走近世界舞台中央的"来时路"。另一方面,马克思主义真理并没有被经典作家所穷尽,马克思主义基本原理同当代中国发展的具体实际相结合、同中华优秀传统文化相结合,当代中国马克思主义、21世纪马克思主义必将进一步丰富马克思主义,指导新时代中国特色社会主义实践。因此,教师要同学生一起认真学习领会习近平新时代中国特色社会主义思想,准确把握两个一百年交汇点上的新形势新任务,为中国特色社会主义的共同理想奋斗,为共产主义的远大理想积蓄力量。

要树立实现中华民族伟大复兴中国梦的信心。不断开拓中国式现代化新道路,实现中华民族伟大复兴,关键在培育有志气、骨气、底气的新时代好青

---

① 《大力弘扬伟大爱国主义精神 为实现中国梦提供精神支柱》,《人民日报》2015年12月31日。

② 习近平:《在纪念五四运动100周年大会上的讲话》,北京:人民出版社2019年版,第6页。

年。思政课教学要关注世界大变局下国际大气候和国内小环境的最新变化,科学把握新发展阶段时代特征。一方面,我国处于并将长期处于社会主义初级阶段的基本国情没有变,实现全体人民共同富裕仍然是一个长期的奋斗过程;另一方面,新发展阶段是逐步摆脱不发达状态,基本实现社会主义现代化的历史阶段,我国实现中华民族伟大复兴的历史进程不可逆转。思政课教师必须聚焦时代主题,心怀祖国,讲中国故事与讲身边故事相结合,引导学生领悟中国共产党领导的政治优势和中国特色社会主义的制度优势,深刻认识中国特色社会主义道路是实现社会主义现代化的必由之路,是创造人民美好生活的必由之路,坚定对中华民族伟大复兴中国梦的信心。

(三)使命担当:培育奋斗精神

当下中国正处于爬坡过坎、动能转换的关键战略机遇期,民族复兴、国家富强、人民幸福的伟大事业注定要传递到勇于担当的青年一代肩上。习近平总书记指出:"一代人有一代人的使命。新长征路上,每一个中国人都是主角、都有一份责任。"[1]高校思政课担负着培养时代新人、勇担时代使命的重要任务,在给大学生的个人成长成才提供基本知识思想保障的同时,也要为他们担当民族复兴大任凝聚价值共识。

一是勇担时代责任,不负强国使命。新时代赋予广大青年新的使命。思政课教学应立足中国共产党的精神谱系,加强责任教育。一方面,把党的一百年伟大实践中经历生死考验、经受惨烈牺牲而不改初心使命的动人故事深度融入教学,让"为有牺牲多壮志,敢教日月换新天"的奋斗精神引导学生塑造顽强意志和坚韧品格。另一方面,通过党的精神谱系教学,启发学生从赓续红色基因的角度,深刻领悟中国共产党为什么能、马克思主义为什么行、中国特色社会主义为什么好等道理,进而将精神信念转化为青年一代积极投身全面建设社会主义现代化国家伟大事业的坚实行动。

二是接续奋斗前行,展现时代风貌。思政课教学话语需要与时代同行,用时代语汇彰显时代精神,体现时代温度,引起学生共鸣。例如,在一年一度的新年贺词中,习近平总书记用"平凡铸就伟大,英雄来自人民。每个人都了不起"这样引人共鸣的"金句";"撸起袖子加油干""幸福都是奋斗出来的"这样带

---

[1] 习近平:《在全国政协新年茶话会上的讲话》,《人民日报》2016年12月30日。

有浓郁生活气息的"知心话";以时代感强、"烟火气"足的生活化叙事话语,充满真情、饱含关切,自然拉近了言说者与接受者的心理距离。思政课的教学话语也应以柔性的表达代替强硬的宣教,既避免传统宣传话语生硬冰冷的刻板印象,同时给后续教学留下丰富阐释空间,扩大教学话语的信息含量,助力教学内容入脑、入心。

三是把握时代机遇,创新开拓未来。习近平总书记强调:"只有创新才能自强、才能争先,要坚定不移走自主创新道路,把创新发展主动权牢牢掌握在自己手中。"思政课教学话语应及时反映世情、国情、党情、民情的新变化新发展,科学设置教学议题,以互动式话语给学生创设思考空间,形成与学生共话理论、共话历史、共话现实的话语空间,激活大学生的创新动力,鼓励学生培养独立思考意识,养成勤于思辨的习惯,形成自主创新的能力。

五、结语

教学话语内容呈现为一个有机系统,话语内容有效供给既需要体现知识性、思想性、价值性等鲜明导向,也需要三者相互渗透、相互启发,形成协调共变的教学话语供给生态。思政课教学话语供给能否取得良好效果,取决于三者之间是否形成协调共生的生态关系。教学话语内容构建的知识体系为启迪学生思想提供论题与论域,是教学内容思想性和价值性的来源。教学话语内容的思想性内涵刺激教学话语价值性的生成发展,话语内容的知识性和思想性供给为价值塑造提供学术依据和学理支撑。三种教学话语内容的供给导向形成了复调式的相互促进关系,提升高校思政课教学的感染力和实效性。不断优化思政课教学话语内容供给导向,是为了构建新的供需结构,科学平衡供给与需求间的矛盾关系,提高高校思想政治教育的精准度和实效性,保障促进高校思政课教学话语的有效供给。

【执行编辑:邱仁富】

"00后"大学生言语共同体建构研究*

孙晓琳

摘　要：作为中国特色社会主义事业的建设者和接班人，"00后"大学生如何用话语表征自我，是否彰显出一种"共通性"话语特征，是开展大学生思想政治教育、价值观教育等所面临的重要命题。解决这一问题，就要充分探索"00后"大学生在思维共识与言语共识基础上建构"共同体"的现实可能性，剖析"00后"大学生生命历程相对独立性、个体与集体的内在张力以及"选择性过程"的发展状况对言语共同体建构的现实影响。由此，优化"00后"大学生言语共同体，需要充分发挥共同语境、共同价值的"抽象阶梯"作用，观照解决主要问题、枝节问题的现实可能。

关键词："00后"大学生；言语共同体；可能性；影响因素；建构策略

党的二十大报告中指出："青年强，则国家强。""全党要把青年工作作为战略性工作来抓，用党的科学理论武装青年，用党的初心使命感召青年，做青年朋友的知心人、青年工作的热心人、青年群众的引路人。"[①]"00后"大学生作为当代青年的有生力量，成长于经济全球化深入推进、中国与世界关系深刻变革、中华民族强势崛起的时代背景中，这使得其既拥有宏阔的世界视野、卓越的创新精神和强烈的民族自信心与自豪感，也存在追求短期满足的急功近利

作者简介：孙晓琳，东北师范大学思想政治教育研究中心讲师，法学博士。

＊ 本文系国家社会科学基金青年项目"'00后'大学生思想政治教育话语传播效度及提升策略研究"（20CKS033）的阶段性成果。

① 习近平：《高举中国特色社会主义伟大旗帜　为全面建设社会主义现代化国家而团结奋斗——在中国共产党第二十次全国代表大会上的报告》，北京：人民出版社2022年版，第71页。

和碎片化、表层化、感性化的思维习惯。这些生于长于新世代的年轻人如何完成自己的"成人礼",接过时代的"接力棒",不仅是广大社会成员的深切期待,更是国家与民族发展的前途希望所在。"从生命成长历程来看,'00后'的人生黄金时期正好贯穿'两个一百年'的奋斗目标期……也就是说'00后'一代的成长与发展与'两个一百年'的奋斗目标息息相关,他们是从全面建成小康社会到全面建成社会主义现代化强国的奋斗历程的见证者,将亲身见证并参与我国从富起来到强起来的伟大飞跃,见证中华民族伟大复兴中国梦的梦想成真。"①作为中国特色社会主义事业建设者与接班人的"00后"大学生如何发展、走向何方,事关党的创新理论与社会核心观念能否实现价值转化,事关国家发展的前途与命运。正如习近平总书记指出:"青年一代有理想、有担当,国家就有前途,民族就有希望。"②

从本质上而言,思想认识、价值观念本身是无形的,需要借助一些载体才能够得以呈现,在诸多载体中,语言是最为基础、重要的一种。按照马克思的理解,"'精神'从一开始就很倒霉,受到物质的'纠缠',物质在这里表现为振动着的空气层、声音,简言之,即语言"③。海德格尔甚至将语言的重要性上升到人的存在的高度上,提出"唯语言才使人能够成为那样一个作为人而存在的生命体"④。在这一意义上,理解"00后"大学生的思维方式、生存方式与现实生活方式,就要以大学生的语言及其表征方式作为重要的切入点,分析"00后"大学生的言语特征,并将之作为剖析"00后"大学生的重要脚手架。从实践角度而言,探讨"00后"大学生的个体化言语显然不能够解决大学生的普遍性的教育问题,那么,就需要充分挖掘"00后"群体的代际言语特点,探索基于"00后"大学生思维共识、言语共识建构"共同体"的现实可能性。

马克思指出,"共同体形式就应当按照生产力来改变"⑤,伴随着生产力的发展,共同体形态也表现出了阶段性的演进特征。在此意义上,"00后"大学生

---

① 权福军:《构建新世代青年"强国一代"的集体记忆:生命历程视角》,《当代青年研究》,2021年第1期。
② 《习近平关于青少年和共青团工作论述摘编》,北京:中央文献出版社2017年版,第3页。
③ 《马克思恩格斯选集》第1卷,北京:人民出版社2012年版,第161页。
④ [德]海德格尔:《在通向语言的途中》,孙周兴译,北京:商务印书馆2004年版,第1页。
⑤ 《马克思恩格斯选集》第1卷,北京:人民出版社2012年版,第207页。

为了某种共同的利益与诉求让渡一定的个体话语特质与话语诉求,在形式上形成一种基于共同认同而建立起的实体力量成为可能。由此,将"00后"大学生视作一个言语共同体展开教育实践,对这批"新新人类"形成更为精准的认识,为价值观教育的有效开展提供便捷性、科学化的实践理路,提升教育实践的针对性与有效性,为培养担当民族复兴大任的时代新人提供教育可能与发展可能。

一、"00后"大学生言语共同体的建构何以可能

言语共同体是20世纪80年代以来社会语言学研究中的重要概念。对于"共同体"这一概念,我们并不陌生,"血缘共同体""地域共同体""精神共同体""人类命运共同体"等概念都是"共同体"的变形与演化。从语言学的研究领域出发,言语共同体是"通过一些共有的语词符号而有规律地、频繁地相互作用,并依靠语言运用上的重大差异跟其他类似的集体区别开来"[①]。由此,言语共同体构成了一个群体区别于其他群体的特殊方式。尽管言语共同体所表征的群体共同特征并不意味着群体范围内的绝对共识,但其始终围绕着一套共有的社会规范而建立,故而彰显出相对共识。那么,这种群体内的共识能否拓展至言语层面上,形成一种涵盖"00后"大学生群体的言语共同体?要回答这一问题,首先需要解决的前提性问题就是,"00后"大学生是否具有建构言语共同体的可能性。具言之,"可能性"的问题包括三个核心维度:一是,"00后"大学生是否拥有大体一致的生活语境,能否形成对话语的共通性理解;二是,"00后"大学生能否实现内部的有效交流,进一步凝聚群体的内部共识;三是,"00后"大学生的个性发展与共性特点之间的矛盾如何统筹、整合的问题。

(一)共同经验范围是建构"00后"大学生言语共同体的基本前提

共同经验范围是指主体对传播过程中所应用的各种符号有大致相同的理解。"一个人的发展取决于和他直接或间接进行交往的其他一切人的发展;彼此发生关系的个人的世世代代是相互联系的,后代的肉体的存在是由他们的前代决定的,后代继承着前代积累起来的生产力和交往形式,这就决定了他们

---

① [美]J Gumperz:《言语共同体》,姚小平译,《国外语言学》1984年第3期。

这一代的相互关系。"①在延续性的意义上,"00后"大学生普遍继承着上一代人的交往形式,这种继承往往是自发的,"不依个人或某个团体的计划为转移,不能认为消灭某种交往内容和形式"②。因此,就其发展脉络而言,"00后"大学生在交往形式与基本语言运用方式上呈现出了与前代一脉相承的可理解性。在群体性的意义上,钱穆曾说过:"文化就是人生,但此所谓人生,并不指我们个人的人生,而是指的群体的人生。"③聚焦至言语层面,文化决定着一批人甚至是一代人的语言选择与运用逻辑。对于"00后"大学生而言,其在宏观上成长于经济全球化、社会信息化的时代背景中,且其生命轨迹伴随着"两个一百年"奋斗目标实现的全过程;在微观上,家庭结构的巨大变革,二胎政策的全面开放与"421"家庭结构使得其呈现出了与之前代际学生截然不同的认知方式、话语方式与生活样态。可以说,"00后"大学生普遍具有相对一致的生活经验与文化背景。而语言作为"思维本身的要素,思想的生命表现的要素"④,深刻表征着一定的社会性存在与社会性观念。在文化、观念的普遍影响下,"00后"大学生对传播中存在的语言、文字与特定的符号意义达成了共通性理解。这意味着,对于"00后"大学生而言,其在对于符号如何表征意义、表征何种意义的问题上存在着共通性、普遍性的认识与理解。

(二) 内部交流机制是"00后"大学生言语共同体生成的关键条件

在共同的社会存在与经验范围基础上,"00后"大学生形成了对同类问题的共通性理解,相似性的理解方式和认知特点使"00后"大学生自觉建构出一套能够用于内部交流的话语体系。这种内部交流机制既体现了"00后"大学生对问题本身的理解,也彰显了"00后"大学生相对共同的思维方式与话语方式。由此,"00后"大学生之间的现实交往并非普遍意义上的交流与交往,而是在对语言达成"共通性理解"的意义上确保交往的深度与效度。"00后"大学生成长的20年是互联网技术迅猛发展、社会信息化深入推进的20年,科学技术的发展与互联网络的运用伴随着"00后"大学生认知方式、话语方式与生活方式的养成。在这一语境中,"00后"大学生在其内部交往的意义上呈现出了鲜明的

---

① 《马克思恩格斯全集》第3卷,北京:人民出版社1960年版,第515页。
② 陈力丹:《精神交往论》,北京:中国人民大学出版社2016年版,第16页。
③ 钱穆:《中华文化十二讲》,贵阳:贵州人民出版社2019年版,第3页。
④ 《马克思恩格斯文集》第1卷,北京:人民出版社2009年版,第194页。

开放性、网络性特点。一方面,共同的关注点与话语主题使"00后"大学生以个体生活经验为基础持续建构着自身的精神生活,不同个体的精神生活在社交软件的深入发展和不断影响下交织建构成了一种群体性"圈子"。在同一"圈子"中,大学生能够达成普遍意义上的共识,并基于这种共通性认识展开"圈子"内部的有效交流。另一方面,"00后"大学生的表达方式更为前卫,形成了一些群体内的特有词汇,甚至出现了一些其他代际群体第一时间无法理解的交流方式。比如,"00后"大学生在进行交流交往时,热衷于以缩写体网络用语来对其进行内在表达,于是出现了类似于"yyds""kdl"等其他群体并不容易理解的语言选择。可见,相较于其他代际群体而言,"00后"大学生内部交往的"圈子化""内显化"特点更为突出。

(三)共性与个性并存是"00后"大学生言语共同体生成的重要支撑

着眼宏观视野,每一时代的重大历史事件都塑造着处于该时代人的价值观念、思维方式与话语方式。在社会学的概念里,"存在着一个所谓的集体记忆和记忆的社会框架;从而,我们的个体思想将自身置身于框架内,并汇入能够进行回忆的记忆中去"①。没有任何一个代际的社会成员能够独立于或者脱离于其所处时代与所处社会。着眼大学生成长与发展的微观视野,美国社会学家阿奈特(Arnett)曾提出了"始成年期"的概念,认为18—25岁可以被视为一个独立的阶段。这一阶段的青年人既享受着独立的自主权,又没有完全承担作为成年人的社会责任与义务。而大学阶段就是"始成年期"的重要阶段,即使大学生在生理年龄上已经成为合法的成年人,但对于自己的价值选择与人生理解仍然有着强烈的不确定性,因此,大学生处于一个相对独立的人生阶段。在这一意义上,"00后"大学生拥有处于大学阶段的普遍性特点,具体则表征为大学生的话语方式与行为方式,这事实上也为建构大学生整体的言语共同体提供了群体意义上的可能性。而与其他代际的大学生相比,"00后"大学生的矛盾性更为凸显,既务实又理想,既独立又趋同,既理性又感性,这种矛盾性、复杂性的认知与行为特点使得"00后"大学生呈现出了更为鲜明的群体化个性行为。因此,无论是作为大学阶段青年人的共同属性,还是作为"00后"大

---

① [法]莫里斯·哈布瓦赫:《论集体记忆》,毕然、郭金华译,上海:上海人民出版社2002年版,第69页。

学生群体的共同属性,都充分说明着"00后"大学生存在一系列的共同特点。作为一种物质存在,语言是人的重要现实表征方式,这种共性的社会存在与生命体验使得"00后"大学生在言语上拥有共性的表达方式,为"00后"大学生言语共同体的建构提供重要支撑。

二、"00后"大学生言语共同体建构的影响因素

一种共同体能否建构、建构是否有效,关键在于是否具有区别于其他群体的明确边界,能否稳定、持久地发挥作用,即是否具有明确的边界感、稳定性与长效性。聚焦这三个核心特质,"00后"大学生言语共同体建构存在着如下三种核心影响要素。

(一)生命历程的相对独立性

"00后"大学生言语共同体具有一定的边界,这种边界在根本上是由社会发展进程影响甚至决定的。曼海姆曾经提出,任何一代成员只能参与有限的历史过程。21世纪以来我国综合国力和国际影响力不断提升,也是"00后"大学生出生与成长的"有限历史过程",这一"历史过程"决定着"00后"大学生的认识程度与理解程度,而对一定事件认识与理解的相似程度,则决定了"00后"大学生言语共同体建构的外延性边界,即其究竟在何种程度上能够成为一个共同体的问题。2001年,中国加入世界贸易组织,标志着中国正式搭上经济全球化的列车。美国政治学家罗纳德·英格尔哈特认为,经济发展和生存条件的改变将产生代际价值观转变,尤其是有一些重大的时代事件会影响不同代际人的优先价值观[①]。对于"00后"大学生而言,工业化、城市化、全球化对其的影响极为深刻,他们有着深切的经济自信,也体现出了更强的国家自豪感。伴随北京奥运会、上海世博会的先后成功举办,加之信息技术革命的深入影响,前喻文化社会逐渐转化为后喻文化社会,"00后"大学生对信息的掌握与运用愈发娴熟,开始真正成为信息的掌握者与文化的创造者,对于中国特色社会主义文化的自觉性与自信心显著增强。鉴于此,"00后"大学生对"贫困""苦

---

① [美]罗纳德·英格尔哈特:《发达工业社会的文化转型》,张秀琴译,北京:社会科学文献出版社2013年版。

难""失落"等话语的认识与理解始终有限,无法形成与这类话语主题相应的话语风格,在"富起来"到"强起来"大步迈进的新中国成长起来的大学生对"富强""文明""自由"概念的体认更为深刻,在共同性话语的意义上展现出了鲜明文化属性的群体性话语风格,这也框定了"00后"大学生共性化言语共同体的发展边界与基本外延。

(二) 个体与集体的内在张力

"00后"大学生个体与集体的张力矛盾决定了言语共同体建构的稳定度。无疑,"00后"大学生具有内在的交流与沟通机制,也在共性特征中彰显着个性生存与交往的可能性,但"00后"大学生个体与集体究竟呈现出何种内在联系,影响着"00后"能否作出一种具有相对共识性的话语倾向与话语选择,决定了言语共同体是否稳固的问题。对"00后"大学生而言,网络世界成为其成长的重要语境,个体在网络世界中的交往与整合不受任何物理空间的限制,对时间同一性的要求也大大降低。网络世界中人与人的虚拟整合,使得集体对个体的规约性逐渐减弱,也就是说,虚拟世界为"00后"大学生建构了一种基于个体生命体验的相对稳定的联系状态,但这种状态本身没有强制性,"00后"大学生可以根据自身的兴趣爱好自由地选择归属的社群与交往的范畴,这就使得集体的规范、约束与调节能力大大降低,自觉性成为其处理个体与集体关系的重要依据。而言语共同体作为一种生发于实践、依靠实践的共同体形态,其是否稳定在根本上取决于个体对集体的依赖程度、信任程度以及作用程度。一方面,个体对集体的依赖与信任使"00后"大学生个体自觉生成一种集体归属感,从而建构"集体记忆"与"集体行动"。在政治学的研究中,无论是"农夫困境"还是"猎鹿博弈"都充分展示着集体行为的"不可靠性",但当"00后"大学生遵循着其自身的文化、价值与话语筛选标准,并依据这种筛选原则确认其集体身份之后,集体身份与集体生活样态自然成为其对自身的角色规定。在这一意义上,个体在多大程度上认同集体身份决定了其在多大程度上表达群体性语言。另一方面,集体能够在多大程度上影响并作用于个体,也影响着个体话语的基本范式,也就是说,"00后"大学生究竟在何种程度上受到这一群体特征影响,是否能在"00后"大学生集体中获得身份认同感与身份归属感,决定着"00后"大学生能否对这一群体中普遍存在的言说体系形成深切认同,进而自觉建构具有同一性的话语体系。

(三)"选择性过程"的发展状况

"00后"大学生"选择性过程"的发展程度决定了言语共同体建构的持久度。"人们已存在的意见和兴趣,更概括地说就是人们既有的倾向,会显著地影响他们的行为和大众传播对他们的效果。"①落实到话语问题上,人们自然会倾向接触那些与既有态度和兴趣一致的话语内容。这种话语上的自我保护行为,就是一种选择性过程,而内在于其中的话语建构思维与价值观念在多大程度上彰显着其延续性与持久性,影响甚至决定着"00后"大学生言语共同体的持久度。"00后"大学生的话语选择性过程生发于其话语的选择性接触中,在选择性理解的过程中生成选择性记忆。从选择性接触的角度而言,"00后"大学生在话语建构过程中自觉地接触与他们既有意见与思维相一致的话语内容,这就意味着,作为个体的"00后"大学生接触的话语一致性程度决定着其个体性的话语在多大范围内、多大程度上具有一致性,进而影响着言语共同体的建构范围。从选择性理解的角度而言,在"00后"大学生的话语接触过程中,一旦他们接触到与原有信息相悖的话语内容,他们就会选择性地进行理解,进而使之与其既有观点一致,并转化为其独有的话语体系。从选择性记忆的角度而言,"00后"大学生会根据自身理解后形成的成果,对这些已经被个体或群体转化过的内容进行选择性记忆。当选择性接触、选择性理解与选择性记忆交织作用时,"00后"大学生就潜移默化地形成了对既有观念、既有话语的天然"保护网",在这一意义上,选择性心理尽管不构成影响言语共同体建构的决定性力量,却关系到言语共同体能够在什么意义上建构、建构到什么程度、维系到什么程度的问题。换言之,"00后"大学生个体在选择性过程中话语选择越为相近与一致,这种选择性记忆持续的时间越久、影响范围越广,越能够保证甚至巩固"00后"大学生言语共同体建构的持久性。

三、"00后"大学生言语共同体的建构策略

话语作为由社会文化、具体的社会实践共同建构的精神交往,是一项兼具

---

① [美]约瑟夫·克拉珀:《大众传播的效果》,段鹏译,北京:中国传媒大学出版社2016年版,第13页。

社会性与个体性、历史性与现实性的实践体系。对于"00后"大学生而言,凸显共通性的言语共同体建构需要"00后"大学生在共性的成长与发展过程中确认身份认同,建构自我与集体的深刻同一性。"只有凭借意识,人人才对自己是他所谓自我。……只有意识能使人人成为他所谓'自我'。"①可以说,构成人的同一性的,是意识和记忆将人的知觉建构成为一体,形成并巩固"集体记忆",进而使"00后"大学生不断优化具有自身特质的言语共同体。作为思想的现实表征,言语共同体的优化一方面需要建构能够帮助大学生认知、理解的抽象阶梯,涵盖其集体记忆建构中的具体现实问题与上层的抽象问题;另一方面也要"精心关怀""00后"大学生的话语建构过程,解决其话语建构中的核心矛盾,充分考虑具体矛盾,从而达成现实与抽象、重点与全面的完整统合。

(一)搭建基于共同语境、共同价值的"抽象阶梯"

事件是具体的,但话语思维是抽象的。"00后"大学生言语共同体是一种相对抽象的思维意义上的共同体,如果仅仅依靠具体的、现实的事件,所建立的是基于现实事件本身的具体话语,这种言语共同体也只能是基于局部的、具体的现实而建构的"脆弱共同体",不具有普遍适用效应。在这一意义上,建构"00后"大学生言语共同体首先要形成话语思维上的"共同体",推动其形成相近的群体性思维方式与话语逻辑。一方面,建构基于"00后"大学生现实生活的共同语境。话语反映了人们的文化活动和实践活动成果,可以说,有什么样的文化,就有什么样的语言符号系统,"00后"大学生的话语是特定文化语境下的选择结果。因此,建构共通性的话语语境与文化语境,是建构"00后"大学生言语共同体的基本前提。另一方面,推动"00后"大学生形成共性的价值认知、判断与选择标准,推动其形成一种与国家、社会发展高度一致的价值观念,使其能够在价值观的引导下进行话语思维的自觉建构。其次,搭建从具体到抽象、从抽象到具体的话语内容体系。事实上,言语共同体的建构并不意味着"00后"大学生要在具体的语句、语词以及语法的选择上体现完全的一致性,而是要达成相对抽象的话语认知、理解与判断上的一致性。因此,言语共同体建构的关键,就在于帮助"00后"大学生建构一套具有一致的抽象性和相对一致

---

① [英]约翰·洛克:《人类理解论》,关文运译,北京:商务印书馆1959年版,第310页。

的具体性的话语体系,既能够在具体话语选择的基础上形成抽象后的话语一致性,也能够将抽象后的话语具象化为现实的话语选择,从而建构具体与抽象相互转化的话语内容。再次,形成阶梯式的共同话语表达方式。就话语表达方式而言,自下而上包含话语构成方式、话语描述方式与话语交往方式三种。最低层次的话语方式是话语构成方式,即"00后"大学生选择何种语词、以何种语法建构的问题,这种相似或者一致的话语构成方式选择为共同的话语描述方式与话语交往方式奠定了坚实基础;在共同话语构成方式的基础上,推动建构共同的话语描述方式,换言之,使大学生能够自觉或无意识地选择相近或类似的话语描述方式,从而实现话语描述的通约性。最后,在共同的话语构成方式与话语描述方式建构的基础上,推动"大学生形成共同的话语交往方式",即建构更加稳固的内部交流机制,并在内部交流达到一定程度一致性的基础上,以一种共同体的方式实现对外的交流与交往。

(一)观照解决主要问题、枝节问题的现实可能

"00后"大学生言语共同体能否解决建构过程中存在的整体性与个体性、历史性与现实性的具体问题,是建构言语共同体的关键所在。在这一意义上,建构"00后"大学生言语共同体,就要充分抓住共同体建构中的主要问题,同时考虑过程中已经存在或可能存在的枝节问题。概言之,"00后"大学生言语共同体建构的主要问题有二:一是言语共同体能否表征大学生的言说需要。言语共同体作为"00后"大学生话语特征的最大公约数表征,应该能够代表最大多数"00后"大学生的言说需要,其建构就需要充分观照"00后"大学生的话语思维及其共性的现实需要,能够真正代表大学生的话语表达与发展需求。二是言语共同体能否与国家对"00后"大学生的期待达成高度适切。大学生言语共同体并非是一种仅仅依靠大学生自身的自觉性就能成功建构的"共同体",这种共同体的建构需要充分发挥国家、社会与学校的共同作用,从而建构一套以社会主义核心价值观为价值引领的言语共同体。作为一项复杂的实践过程,"00后"大学生言语共同体建构也存在着很多有必要解决的枝节问题,这些枝节问题甚至决定着言语共同体构建的稳定性与长效性,比如,如何处理好个体话语与集体话语的关系;如何在最大程度上彰显"00后"大学生的共性言语特征;如何确保"00后"大学生形成相对稳定的话语思维;如何确保"00后"大学生在突发性、偶发性的社会事件中仍然能够坚守共同体的话语思维进行言

说与具体表达,等等。这些枝节问题虽然不是决定"00后"大学生言语共同体建构的根本性问题,但关涉"00后"大学生言语共同体的基本性质、发展方向以及建构的稳定情况,是建构言语共同体过程中需要充分观照与考虑的现实问题。

【执行编辑:李梅敬】

当代中国青年的话语表达、存在问题及引领对策

张书悦　马佳文　蔡　爽*

摘　要：当代中国青年的话语表达方式日益丰富，既体现了时代特征，也反映了青年群体的价值观念和心理状态。当代中国青年的话语表达方式主要在物理和数字化两个渠道呈现出了注重现实指导性、追求个性化、多元创新、情绪浓烈和显著的符号化表征等特点，同时也存在着表达权利争夺问题、表达主体身份认同问题、表达内容多元问题和表达特点的冲突问题，这就需要从根本原则、内容、方式、渠道、实效性和时代性等方面提出相应的引领对策。

关键词：当代中国；青年；话语；表达方式；引领

当代中国青年的话语表达方式日益丰富，既体现了时代特征，也反映了青年群体的价值观和心理状态。"语言是一种实践，既为别人存在因而也为我自身而存在的、现实的意识"①，话语表达是人们交流思想、传递信息、表达情感的重要方式。做好青年工作需要理解青年需求，就要读懂青年的表达，因而研究青年话语表达方式意义重大。

---

* 作者简介：张书悦，上海市团校教学研究部干事；马佳文，上海市团校教学研究部干事，助教；蔡爽，上海市团校教学研究部副部长，讲师。
① 《马克思恩格斯文集》第1卷，北京：人民出版社2009年版，第533页。

一、当代中国青年话语表达方式的内涵

"话语是反映主体意识形态的显性表征"①,在特定社会语境下体现为具体的言语行为,带有强烈的社会性特征。通过话语表达,主体将要表达的意蕴与外化的语言相结合,从而起到自我显露和沟通交流的目的。在言语交际过程中,"人们用来表达思想所使用的途径和载体即为话语表达方式"②。本文主要研究以当代中国青年为主体的话语表达方式,即该主体以语言形式所展现的思维模式、群体特征、关切问题及行为习惯等。

(一)中国青年话语表达的历史变迁

新民主主义革命时期,面对民族危难,一批先进青年知识分子作为先锋队,掀起了一场传播新思想新文化新知识的伟大思想启蒙运动,青年群体以"重建国家""改造社会""弘扬理性""张扬个性"③为己任。该阶段的青年话语表达,是一场为拯救民族危亡、捍卫民族尊严、凝聚民族力量而掀起的伟大社会革命运动。

社会主义革命和建设时期,中国青年成为国家工业化运动不可或缺的重要推动力量,他们"最肯学习,最少保守思想",是伴随中华人民共和国成长而形成的青年突击队。该阶段的青年话语表达,是一种为建设中华人民共和国集中力量办大事的历史自觉,是为提高社会生产力发挥积极作用的群体共识。

改革开放和社会主义现代化建设新时期,中国青年的结构、视野、观念和行为逻辑等也都不同程度发生了较大变化。青年群体开始关注个人的全面成长,强化社会责任和担当,根据社会主义现代化建设的新要求,解放思想,激荡创新,锐意进取。此阶段的青年话语表达,是一键加速赶上时代步伐,激发个人内在潜能,重构青年与社会的关系,与当下的世界同呼吸共命运。

---

① 王楠:《当代青年网络话语表达范式:生成、功能与引导》,《思想教育研究》2022年第12期。
② 静欣、高凯:《青年马克思主义者话语体系的构建研究》,《大连大学学报》2020年第2期。
③ 刘佳:《"先锋力量"的话语探源——中国共产党青年话语的百年发展与阐释原则》,《中国青年研究》2022年第4期。

中国特色社会主义进入新时代,青年工作融入中国特色社会主义事业发展全局,中国青年是实现中华民族伟大复兴的先锋力量。"党始终领导青年、指引青年、组织青年前行,青年也始终紧紧团结在党的周围,两者命运紧密相连、休戚与共。"①当代中国青年的话语表达内容大多与生活、体验相关,体现出高度的成长化语境与世俗化特征。此阶段的青年话语表达,是一股把青春奋斗融入时代的新风。习近平总书记在北京大学师生座谈会上指出:"时间之河川流不息,每一代青年都有自己的际遇和机缘,都要在自己所处的时代条件下谋划人生、创造历史。"②不同历史节点下的青年话语表达,展现出符合各自时代需要和青年发展的特点,反映出青年与时代的紧密关联及青年群体的生机与活力。

(二) 当代中国青年话语表达方式的基本特点

随着我国经济社会的发展,青年的话语表达方式与社会发展程度之间的关系越来越紧密,社会环境对青年人的影响日益加深。当代中国青年的话语表达方式有如下共性特点。

注重现实指导性。青年群体的生活场景、实践经历、认知经验大多相似,其关切大多与日常生活紧密相关,他们的兴趣紧跟时代发展,积极关注社会热点,乐于发表与自身切实相关的观点,言论具有较强的时效性,期待能够通过认知指导生活实践。

追求个性化。当代中国青年善于运用夸张、讽刺等手法进行个性化的表达,不愿墨守成规,容易对流行事物迅速失去兴趣。看重原创性和知识产权,渴望发挥自己的独立思考能力、创造力,发出自己的声音,表达个性化的诉求。

体现多元创新。当代中国青年对多元的文化现象和价值观念有好奇心,对于新的观念和时事新闻趋之若鹜,常常展现出包容、开放的精神风貌。善于运用网络语言、新媒介等手段,使表达更加生动、形象,勇于尝试新兴技术和新鲜事物。

个体情绪浓烈。青年喜欢用网络用语、表情包等形式帮助传达层次丰富和直截了当的情绪,让对话更有代入感和参与感,营造出一种烘托氛围、打破

---

① 蔡爽、马佳文:《新时代做好党的青年工作的战略要求、问题导向与路径创新》,《青年学报》2024年第1期。
② 习近平:《论党的青年工作》,北京:中央文献出版社2022年版,第80页。

隔膜以及树立个人形象的"述情"的现象。

符号化表征明显。青年群体话语表达强调简单化、娱乐性和传播性，善于消解严肃，期待采用简单的符号获得思维共鸣。通过共享特定的话语符码，形成独具特色的圈层文化，建立话语共同体和特定舆论场。

（三）当代中国青年话语表达渠道

从物理层面来看，青年群体的生活场景有集体共性，即大多数青年在现实生活中深受父辈群体、精英群体等建构的"现实话语体系限制"[1]，因此在物理层面来看，青年的话语表达方式存在顺从和沉默的一面。

从数字化层面来看，随着互联网的发展，青年逐渐在网络场域中有更多的话语表达。互联网渠道上的青年话语表达对于把握青年思想脉搏、了解青年心理特点和行为特征有重要的意义，只有把握基本规律，才能实现话语的有效对接。作为网络原住民，当代青年创造和频繁使用网络词语，在群体中迅速传播和接受新信息，满足了青年人求新求变的群体特征。随着多媒体技术的发展，青年正以一股强势力量迅速占领网络公共场域，众多平台为青年人提供了一个展示自我、传递信息、参与公共事务的空间，在网络话语环境中，青年群体各个体之间相互影响，形成并沿用了一些相对固定的话语风格和表达形式，青年得以自由地表达观点和进行互动交流。通过借助互联网虚拟场域的特点和优势，可以构建起青年专属的话语圈层。

二、当代中国青年话语表达方式中存在的问题

青年群体作为最开放、最活跃的社会成分，日益表露出鲜明的"主体独立性"和"个体自由性"[2]。但是在自我表达的过程中也存在一些问题。

（一）"去中心化"的表达方式

福柯在《话语的秩序》一书中提出，"话语即权力"。"话语既是解释和理解

---

[1] 汪振、姚德薇：《新媒体引导下的青年话语：呈现、表达及促因》，《当代青年研究》2020年第1期。

[2] 杨习超：《新时代青年话语分析及其话语文化的理性建构》，《中国青年研究》2018年第8期。

世界的一种手段和方法,又是掌握和控制世界的一种工具和武器。"[1]互联网的扁平化和多节点形成了"去中心化"的话语表达方式,使得青年在虚拟社区自由发表言论并获得关注成为可能,拥有平等的身份表达和话语权对青年有极大的吸引力,同时又能契合青年群体自我表达、寻求情感寄托、情绪宣泄和抵抗权威规范的需要。多元的观念碰撞和巨变的社会形势使得当代青年更关注自我需求、相信自我感受,更有主见,对于自我表达的渴望使其不断争夺与他人的表达权利,以显示出个体的特殊性。因此,遵循旧有的灌输型方式、不尊重青年的主体地位的政治引领内容,很难进入青年群体的文化语境。

(二) 主体身份认同的"模糊化"问题

丰富多样的文化产品既是滋养当代青年开放、多元个性的土壤,也是诱发部分青年身份焦虑、认同危机与实践错位等主体矛盾的"潜在催化剂"[2]。少部分青年会出现在线上线下有差异化"自我"的障碍,产生多重人格异常的症状。社会交往过程中的个体,渴望通过个性化的语言符号、独树一帜的意识思维和差异化的话语表达,来彰显个体存在感。青年渴望与他人交换观点,感受自我的价值感和意义感,沟通共同意志,稳固集群结构,完备社交功能。加强青年身份建构与认同,最重要的是引导其实现自我价值,加强青年与社会的实际联系。

(三) 内容表达的多元化问题

面对当前出现的西方错误思潮与国内多元观点交织的现象,海量的信息环境以及碎片化的、自由的交流氛围会稀释枯燥单一的话语内容,从而降低其实效性。对于当代青年群体而言,外在观念与内在观念之间不是简单的"主导—接收"关系,青年倾向于带着批判性的眼光看待一切观点,并探究观点的展现形式、主旨内容及背后的立场目的,在经过审视和理解后才会主动接受并认同。因此要以良币驱逐劣币,提升其逻辑性和趣味性,增强文化产品的开发质量。

---

[1] 范蕊:《表情包流行背后的青年话语表达及教育应对》,《山东青年政治学院学报》2018年第3期。
[2] 赵红勋、胡栩睿:《网络文化视域下Z世代青年的主体矛盾及引导策略》,《北京教育(高教)》2023年第12期。

(四)话语表达的"圈层化"问题

青年习惯从个人关切角度出发思考问题,但因其客体经验和能力限制,难免感到踌躇和焦虑,理想与现实的鸿沟需要通过建立与社会的实际联系来逐渐调整。青年渴望证明个体的独特性,但同时惧怕被集体孤立或抛弃,因此会选择一些与自己有相似观点的小众社群或关键意见领袖,代替自己发声。青年对各种观点和新奇事物兼容并包,但对于认知差异容忍度很低,基于不同的爱好、年龄和看法容易形成信息茧房,非圈层内的话语传播力便会被弱化,形成明显的圈层区隔,从而导致群体隔阂。青年期待浓烈的情绪体验但又患有"淡淡综合征"。一方面,青年群体的"数字化孤独"成为常态;另一方面,面对社会压力加剧,比起剧烈的起伏,青年群体更期待稳定,于是便产生了"没有期望就没有失望"的躺平心态等。

三、当代中国青年话语表达的优化路径

在经济全球化、文化多元化以及互联网充分普及的环境中成长起来的当代青年具有兼容并包、思维活跃、个性鲜明等特征,对其进行政治引领要循序渐进,讲究引领的艺术。

(一)提高引领力,根本在于抓牢社会意识形态主线

要坚持马克思主义指导地位,学习贯彻习近平新时代中国特色社会主义思想,以坚定的理想信念筑牢精神之基,提升对当代中国青年话语表达的引领力。中国共产党长期实践表明了坚持正确的意识形态导向对于建构青年政治话语的重要性。虽然目前形势整体向好,但情况仍然复杂多变、斗争严峻尖锐,需要持续加强对青年的思想政治教育,培养具有坚定理想信念的新时代青年,确保党领导的青年工作沿着正确方向前进。

当代意识形态话语体系的建设和传播还有待进一步加强,要丰富话语类型,创新话语表达方式,把坚持正确导向和通达社情民意统一起来。要建立马克思主义中国化话语体系,立足于当代中国青年的现实处境和主要矛盾,正视青年的实际地位,解决青年的现实困难,指出青年的奋斗方向。思想政治教育者应深入学习、理解和吸收马克思主义的精髓,避免直接直译传

递官方观点或对官方观点只进行简单加工就呈现给青年,要着重去阐述其内涵逻辑以及背后的故事,加强对政治话语内容的提炼、整合和挖掘,兼具学理性和吸引力,真正做到有个性化探索和理论解释力,才能让青年群体真正理解马克思主义中国化的内涵,提高主流意识形态的社会影响力和认同感。

(二) 提高吸引力,重在关注现实问题,解决青年实际困难

随着中国特色社会主义进入新时代,青年话语表达需要保持动态性和发展性,要提高话语内容供给的有效性,持续不断进行优化,以提升对当代中国青年话语表达的吸引力。

要紧密联系实际生活,避免传统的、刻板的、抽象的、教条主义的表达,应与青年成长背景有机结合,注重问题导向,与时俱进地对现实重大理论和实践问题进行提炼和回应,准确把握和深入分析青年学生关心的国内外时事热点问题和喜闻乐见的话题,及时关注和化解青年现实生活中的困惑与困难。以言之有物的态度,深入浅出地开展沟通,降低不同主体之间的话语冲突。

要搭建多元化的交流平台,激励青年人参与社会事务,倡导青年开展自我治理。要做到为青年群体提供更多展示自我、锻炼能力的舞台;帮助青年转译青年发展政策文件,做好政策解读和服务工作,主动为成长过程中面临问题的青年答疑解惑;鼓励年轻人以正确的形式和心态认识社会实践、参与社会建设,引导青年关注社会问题,积极参与社会工作和志愿服务活动。通过实际行动,提升时代责任感,传递正能量,引导青年积极主动结合青春梦与中国梦、实现社会价值与个人价值的统一。

(三) 提高情感力,重在平等对待青年,注重情感表达和反馈

要尊重青年主体地位和自主表达权,加强与青年群体的沟通交流,努力对接青年话语的表达需求,以提升对当代中国青年话语表达的情感力。

要了解青年表达需求的方式,减少双方的隔阂,避免出现话语形式单一、单向所导致的青年群体拒绝互动、任务打卡甚至集体失语的现象,切忌使用直接灌输式的话语或理性的说教等方式对青年进行说服式教育和权威施压,尝试用生动、鲜活的语言进行解读,寻求符合青年特点的话语内容,"多角度、多

渠道地探索适当的表达方法"①,吸引学生的关注,增强可读性、趣味性和表达力。

引导过程中要避免压抑青年诉求,要注重情感话语表达,关切青年感受,体现人文关怀,鼓励意识觉醒和自我接纳,调动青年内在积极情感,要关注青年的反馈,重视与青年的平等互动。表达过程中要向情感共鸣、互动式的方向转化,以赢得青年的"认同",争取引起青年共鸣,潜移默化地将政治引领植根于青年内心,进而认同和内化为青年自身发展的需要。

(四)提高创新力,把握新媒体传播渠道,掌握互动表达方法

从传播渠道来看,新媒体是最靠近当代青年的政治引领主阵地,其交互性改变了传统单向度的信息传递方式。要搭载网络平台,熟悉新媒体传播规律,适用多样化的传播场域,创新传播方式,提高信息传播频次和效率,以提升对当代中国青年话语表达的创新力。

当代青年的成长一路伴随着网络,他们对于网络语言的表达逻辑非常熟悉,要应用网络舆情引导青年。网络上的传播形式以碎片化为主,要将传统话语的宏大叙事向网络话语的微小精炼转化,语义呈现方式也应更契合青年的语言习惯。要运用复合式的传播载体搭建话语平台,优先抢占互联网发声阵地。通过对青年群体的网络话语表达范式进行研究,把握并形成原理,整合"微传播"话语形式,借助网络词语、表情包等元素,通过"微言大义"发挥网络语言形式多变、感情充沛等特点,快速做出反应,降低迟滞反应,提高互动频率。

当前,意识形态领域许多新情况新问题往往因网而生、因网而增,许多错误思潮也都以网络为温床生成发酵,互联网日益成为"意识形态斗争的主阵地、主战场、最前沿"②。要营造积极健康的网络环境,科学认识网络传播规律,提高用网、治网水平,使互联网这个最大变量变成事业发展的最大增量。加强网络监管,警惕"后真相时代"情感超越现实、观点遮蔽真相的情况,严厉打击网络暴力和恶意言论,为青年提供一个积极健康的网络交流平台。

---

① 侯勇、纪维维:《新媒体视域下青年思想政治教育的话语困境》,《中国青年社会科学》2017年第2期。

② 中共中央党史和文献研究院:《习近平关于网络强国论述摘编》,北京:中央文献出版社2021年版,第44页。

(五) 提升实效性,弘扬主旋律,不断增进政治认同

要鼓励青年骨干积极参与,树立青年群众中的关键意见领袖,以带动青年向主流意识形态靠拢,以提升对当代中国青年话语表达的实效性。

要调动互联网最活跃的青年力量,加强线上互动和线下沟通,让他们在净化网络空间、弘扬主旋律、维护意识形态安全等方面发挥积极作用。要不断创新话语载体,用"青言青语"拉近彼此距离,吸引大批追随者增进政治认同,引导其向上向善。针对不同青年个体也会有较大的个体差异,对话语的认知、理解、接受和践行的程度不同,所以客观上也会导致青年个体政治观生成的偏差。要科学地进行梯队分层,探索立体化的培养模式,制定不同的话语内容,以形成群体优势。针对有特长的青年,有选择性地将其纳入专业特长领域的话题当中。

在选取典型的过程中,要注意把握好正确舆论导向,习近平总书记强调,思想舆论领域大致有红色、黑色、灰色"三个地带"。红色地带是我们的主阵地,一定要守住;黑色地带主要是负面的东西,要敢于亮剑,大大压缩其地盘;灰色地带要大张旗鼓争取,使其转化为红色地带。不仅要对关键人物做好筛选和监测,利用其影响力发布信息,增强政治引领的感染力、号召力,扩大覆盖面,同时也要借助这一桥梁纽带,进一步深入了解青年群体,做好政治引领这篇大文章。

(六) 提升时代性,有效供给精良的文化产品

要整合社会思想文化和价值观念的能力,扩大主流价值观念的影响力,掌握价值观念领域的主动权、主导权、话语权,保持民族精神独立性,以提升对当代中国青年话语表达的时代性。习近平总书记指出,文化自信,是更基础、更广泛、更深厚的自信。

当代青年成长在稳定的社会环境当中,青年群体深植中华优秀传统文化认同感与民族自豪感。要依托传统文化富矿及青年家国情怀,继承传统话语资源和中华民族特色,培养具有民族自豪感和文化自信的青年。在保留价值观念的基础上创新现代化的意蕴,要在青年当中弘扬社会主义核心价值观,以培养担当民族复兴大任的时代新人为着眼点,引导他们树立正确的世界观、人生观和价值观,历史观、民族观、国家观和文化观,使之成为青年话语表达的内

在动力,形成良好的政治判断力、政治领悟力和政治执行力。

结语

习近平总书记在同团中央新一届领导班子成员集体谈话时强调,"要着力加强对广大青年的政治引领"。要做好新时代青年政治引领,做好青年话语表达的研究是重要基础。当前意识形态形势复杂多变,我们要把握战略主动,持续优化话语表达的引领力、吸引力、情感力、创新力、实效性和时代性,抢占青年思想政治引领的话语权和主动权。

【执行编辑:李梅敬】